MARCO POLO

PRAG

W0418693

Fünf Symbole sollen Ihnen die Orientierung in diesem Führer erleichtern:

★ *für Marco Polo Tipps – die besten in jeder Kategorie*

für alle Objekte, bei denen Sie auch eine schöne Aussicht haben

für Plätze, wo Sie bestimmt viele Einheimische treffen

für Treffpunkte für junge Leute

(104/A1)
Seitenzahlen und Koordinaten für den Cityatlas Prag
(O) *außerhalb des Stadtplans*

Diesen Führer schrieb Wolfgang Jung. Er arbeitet als Korrespondent der Deutschen Presse-Agentur in Prag.

Die Marco Polo Reihe wird herausgegeben von Ferdinand Ranft.

MAIRS GEOGRAPHISCHER VERLAG

MARCO POLO

Für Ihre nächste Reise gibt es folgende Titel dieser Reihe:

Unsere Autoren haben nach bestem Wissen recherchiert. Trotzdem schleichen sich manchmal Fehler ein, für die der Verlag keine Haftung übernehmen kann.

Titelbild: Karlsbrücke, Prager Burg (Mauritius: Mehlig)
Fotos: R. Freyer (6, 11, 12, 14, 18, 28, 30, 34, 43, 44, 53, 54, 56, 62, 64, 67, 69, 88); J. Gläser (70); G. Hartmann (46, 59, 79, 80, 83); HB-Verlag (19); L. Janicek (24, 27); K. Kallabis (48); Mauritius: Enzinger (74), Lawrence (4), Ley (103), MacLaren (39)

1. (10.) Auflage 2000 © Mairs Geographischer Verlag, Ostfildern
Chefredakteurin: Marion Zorn
Lektorat: Manfred Pötzscher
Gestaltung: Thienhaus/Wippermann (Büro Hamburg)
Kartografie Cityatlas: © ADAC Verlag, München; Haupka Verlag, Bad Soden; Mairs Geographischer Verlag, Ostfildern
Sprachführer: in Zusammenarbeit mit dem Ernst Klett Verlag für Wissen und Bildung GmbH, Redaktion PONS Wörterbücher

Printed in Germany
Gedruckt auf 100% chlorfrei gebleichtem Papier

INHALT

Entdecken Sie Prag!

Seit der Eiserne Vorhang gefallen ist, darf die Goldene Stadt wieder glänzen. Aus reicher Geschichte und vielversprechender Zukunft mixt die Moldaumetropole eine blendende Gegenwart

Es klingt kurios wie vieles in Prag: Die Stadt an der Moldau hat mit ihrem Namen im Grunde wenig zu tun. *Praha* heißt auf deutsch *Schwelle* und bezeichnete jene Stelle, an der der Fluss am leichtesten zu überqueren war – die Furt also, und nicht die wenigen Siedlungen, die damals an den Ufern der Moldau standen. Doch als diese zur Stadt wuchsen, ging der Name auf den wichtigen Handelsplatz über.

Der Bau der Judithbrücke, der Vorgängerin der Karlsbrücke, im Jahre 1158 markiert einen wichtigen Punkt in der Beziehung zwischen Stadt und Fluss. Der erste steinerne Brückenschlag über die Moldau, unter Karl IV. durch die später so genannte Karlsbrücke ersetzt, bildete jahrhundertelang die einzige feste Verbindung zwischen beiden Ufern – aber er trennte auch: die Burg von den Bürgern, also den Adel der Kleinseite von den Händlern in der Altstadt.

Die gotische Teynkirche war Zentrum der hussitischen Religionsreformer

Heute hat sich die moderne Großstadt mit 1,2 Millionen Einwohnern auf etwa 500 qkm weit über die Moldauhügel ausgebreitet, teils mit unansehnlichen Plattenbau-Siedlungen. Kleinseite und Altstadt sind jedoch im Stadtkern wie zur steinernen Kulisse eines Freilichttheaters verschmolzen. Prag hat eine der größten geschützten Zonen Europas – und Prag hat ein großes Problem. Fast das komplette Zentrum ist von der Unesco als Denkmal anerkannt, doch Experten befürchten den schleichenden Verlust des Juwels. Als Grund nennen sie weitreichende Versäumnisse in der Denkmalpflege – Konsequenzen einer zögerlichen Kommunalpolitik.

Erkannt hat dies auch der Fachbeirat der UN-Kulturorganisation, der die historische Prager Innenstadt unlängst in die Liste der hundert meistgefährdeten Denkmäler der Welt aufnahm.

Tatsächlich ist das Zentrum von einer einzigartigen Mischung der Stile aller Epochen geprägt. Es gibt nur wenige Viertel, in denen alle Gebäude aus der gleichen Zeit stammen. Pra-

Boulevard der Eiligen und Schlendernden: der Wenzelsplatz

ger Denkmalschützer müssen sich daher immer wieder fragen, was sie schützen wollen: eine Epoche, einheitliche Straßenzüge oder einzelne Gebäude? Als Anfang der 90er-Jahre das »Haus zur steinernen Glocke« am Altstädter Ring renoviert wurde, legte man unter dem barocken Putz eine gotische Steinfassade frei. In diesem Gewand steht das Haus nun zwischen einem Barockpalast und einem Markthaus aus der Renaissance. Die Renovierung des im städtischen Besitz befindlichen Gebäudes gilt als vorbildlich und zeigt, dass man in Prag tatsächlich jedes Haus einzeln beurteilen muss. Die Stadt war Schauplatz großer Ereignisse, und jede Ära hat ihre Spuren hinterlassen – natürlich auch die jüngst vergangene Epoche: Jeder kann am Fuß des Wenzelsplatzes Uniformen der Roten Armee kaufen, die garantiert unecht sind, und dazu jene Matroschkas, in denen eine kleine Figur steckt und noch eine und noch eine. Wem das zu kommerziell ist, und wer dennoch nach Symbolen der kommunistischen Ära sucht, fährt zur Metrostation *Anděl* (Engel) im Stadtteil Smíchov. Den Namen trägt die breite Kreuzung davor, weil dort einem Rabbiner einmal ein Engel erschienen sein soll. Seit 1990 heißt die U-Bahn-Station auch so, dabei war sie 1985 mit viel Pomp als *Moskevská* (Moskauer) eröffnet worden – verschwenderisch mit Marmor ausgestattet und verlogen der »Tschechoslowakisch-Sowjetischen Freundschaft« gewidmet. In der Halle findet sich dementsprechend ein Relief des Roten Platzes, und im Vestibül schweben Sputniks.

Wer eher Sehnsucht nach der Neuen Welt hat, muss nicht nach Amerika reisen: Er kann in

»Jágr's Bar« am Wenzelsplatz die wichtigsten Basketballspiele verfolgen, im Club »Radost« auf die aktuellsten US-Trend-Hits tanzen oder im einzigen Waschsalon Prags erfahren, dass der Kommunismus nichts taugt. Wie die Sputniks im *Anděl* kreisen hier die Vorurteile: Prag, heißt es, hat es heute besser als früher. Das aber stimmt so ohne weiteres nicht. Lassen Sie sich vom Fassadenglanz des Altstädter Rings oder der Celetná-Gasse nicht täuschen: Zehn Meter dahinter, wo nur selten fotografiert wird, schauen die leeren Fenster eines vernachlässigten Barockhauses den Besucher traurig an.

In Prag wird immer noch viel improvisiert, und das gilt nicht nur für die Architektur. Viele Pragerinnen überbieten im Alltag manches locker an Chic, was man in Mailand oder Paris trifft. Natürlich gibt es auch hier jene kessen Kleidchen mit den teuren Namen, aber viele machen ihre *alta moda* selbst, verändern die Vorlagen nach Geschmack und interpretieren gegen das Schema. Vor der »Samtenen Revolution« von 1989 zeichnete das die Hauptstadt schon einmal aus, und einiges davon ließ sich in die heutige Zeit retten.

Mit Phantasie, Vielfalt und Differenz hat auch das freie Unternehmertum zu tun. Manche Illusion ist bereits zerplatzt, weil man glaubte, für jedes Angebot sei Publikum da. Da ist vieles in Naivität zerflossen, was arg- und ahnungslos angepackt wurde. Mancherorts muss man sich die Augen reiben: Die Gründungen der ersten Generation sind längst verschwunden, aus der Toreinfahrt lugt bereits die dritte Eröffnung nach der Wende. Noch viele Prager Gewerbetreibende müssen lernen, dass der stabile Umsatz von den Heimischen kommt, dass ihr Angebot in erster Linie ihnen nützen sollte. Der Fremdenverkehr wird dann von selbst davon profitieren.

Stets auf hohem Niveau geblieben ist der Prager Charme, zu dem gehört, dass die Hauptstadt keine anderen Götter neben sich duldet: Brünner, Olmützer, Budweiser werden als Hinterwäldler verschrien (wer diese Städte kennen lernt, wird sich aber wundern). Die Prager lieben ihr Prag, nur am Wochenende müssen sie zu ihrer Hütte in Mähren oder Nordböhmen, und dann gehört die Stadt fast ganz den Gästen.

Gastfreundschaft wird schnell spüren, wer sich in einer Wirtsstube nicht anders benimmt als zu Hause. Es gibt aber in Prag verschiedene Arten von »altböhmischen Wirtshäusern«. Wo es draußen dransteht, sollte man getrost vorbeigehen: Hier wird an der Tür bloß mit einem Markennamen kokettiert. Schon um die Ecke, wo es nach Schweinsbraten mit Knödeln riecht und nicht nach Fichtennadeln aus der Spraydose, wird man einen Teil jenes Prags finden, das unzerstörbar den Reiz dieser Stadt ausmacht. Zwar fährt wohl kein Mensch ausschließlich zum Essen nach Prag. In den vergangenen Jahren etablierten sich jedoch etliche Lokale, die einen Besuch wert sind. Mehr als ein Ort für Feinschmecker ist die böhmische Metropole allerdings eine Stadt des Bieres. Wer sucht, wird vor allen Dingen in den Vorstädten gemütliche Gasthäuser mit guter Küche finden. Vielerorts gibt es als »Beilage« einen unvergesslichen Abend mit deutsch-tschechischen Diskussionen am groben Holztisch, mit vielen angestoßenen Themen und Bierkrügen. Aber Prag hat auch ein Herz für Weintrinker – vielerorts wird exzellenter Rebensaft aus Südmähren ausgeschenkt, und in den klassischen Weinstuben geht es mitunter recht gesellig zu.

Stark gelitten hat in den vergangenen Jahrzehnten die Kaffeehaus-Kultur. Diese Institution war bei der Gründung der Tschechoslowakei 1918 gerne von der Erbmasse der zerfallenen Donaumonarchie übernommen worden. Das Kaffeehaus war ein Ort der Künstler und der Damen, und die Ober rasierten sich zweimal täglich. Der Geist dieser Begegnungszentren lebt noch fort in den Geschichten des »rasenden Reporters« Egon Erwin Kisch, des großen Pragers. Aus legendären Häusern wurden Touristenfallen, andere ehemalige Schauplätze des mitteleuropäischen Kulturlebens gingen ganz unter. Mittlerweile gelang es privaten Investoren, einige Cafés wieder zu beleben, und interessante Neuerungen sind dazugekommen. In manchen Kaffeehäusern sieht man wieder Zeitungsleser, die bei einem »Türkischen« oder einem »Kleinen Braunen« einen genussvollen Abend verbringen.

Nach Sonnenaufgang aber ist modernes, pulsierendes Leben gewohntes Stadtbild des Alltags geworden. Viele ausländische Investoren sind seit der »Samtenen Revolution« gekommen und brachten Landsleute mit – zuerst waren es die Amerikaner (heute leben in Prag rund 25 000), wenig später die Deutschen (gegenwärtig etwa 10 000), dann die Holländer, Dänen, Franzosen, Engländer und Asiaten. Nicht alle zog es des Geldmachens wegen in die Hauptstadt, viele kamen, um das Leben zu genießen, die romantische Stadt, das Bier, oder weil sie etwas Neues machen wollten. Auf einen gewissen westlichen Lebensstandard möchte jedoch keiner von ihnen verzichten, deshalb finden Supermärkte mit internationalem Angebot, Fastfood-Buden und

Sanft oder samten?

Als die Prager Polizei am 17. November 1989 friedlich demonstrierende Studenten niederknüppelte, war für die Bevölkerung das Maß voll: Innerhalb weniger Wochen stürzte sie mit Generalstreiks und Massendemonstrationen das kommunistische Regime. Der Bürgerrechtler Václav Havel wurde zum Präsidenten gewählt, und die Welt sprach von der »Sanften Revolution«. Intern wurde die Wende aber »Samtene Revolution« genannt, weil die meisten Protagonisten glühende Anhänger der US-Rockgruppe Velvet Underground, Samtener Untergrund, waren. Heute ist dieser Name in Tschechien zur offiziellen Bezeichnung des Umsturzes geworden. Dazu trug sicher bei, dass sich Havel immer noch gelegentlich mit Ex-Underground-Chef Lou Reed trifft.

Boutiquen mit Markenware nicht nur in der Touristensaison und bei Einheimischen großen Zuspruch. Einkaufen ist kein Grund zur Eile. In jeder Seitenstraße wartet ein Kolonialwarenladen 24 Stunden am Tag auf Kunden. Hier liegt Strumpf neben Seife, Wurst neben Waschpulver. Diese Möglichkeit lässt die Prager in schönen Vormittagsstunden lieber eine sonnige Bank an der Moldau besetzen. Dort ist es so friedlich, dass sogar die Schwäne beim Brotgenuss ihre Angst vor den mitgebrachten Vierbeinern verlieren. In der Ferne klicken die Fotoapparate der Touristen, rattern die Skateboards der Jugend und zischen die Farbdosen der Sprayer. Die »Szene« ist euphorisch: Die Anzahl der Ausstellungen junger Künstler steigt, ebenso die der Bücher- und Plattenveröffentlichungen. Viele junge Tschechen ziehen in die Hauptstadt, sie senken den Altersdurchschnitt auf momentan 39 Jahre. Die Karlsuniversität und elf Hochschulen bieten ein breites Angebot für Studenten, die mit ihrer Landflucht aber für Wohnungsprobleme in der Stadt und für Entsiedelung in den Provinzen sorgen.

Prag, das Millionendorf an der Moldau – ländlicher kann keine Großstadt sein, meint man, und doch suchen Tausende jedes Wochenende noch stilleres Glück in den Winkeln der Republik. Die politische Diskussion gehört nicht mehr vorwiegend zum Alltag, aus der 1977 von Václav Havel gegründeten legendären Bürgerrechtsbewegung »Charta 77« wurde die »Chata 99«, der Einsatz fürs Wochenendhaus. Fast jede Familie besitzt eine Hütte (*Chata*) irgendwo auf dem Land, schwarz gebaut und grün umrankt. Ihr Alltag hat sich geändert seit dem 29. Dezember 1989, als Václav Havel zum Präsidenten gewählt wurde, und ändert sich rasend weiter. Viele geraten ins Taumeln, manche werden mitgeschleift. In manch kubistischem Haus in Prag wurden noch vor wenigen Jahren Puddingschnecken ausgestellt – heute sind es Wechsel: Als der ehemals enteignete Besitzer das Gebäude zurückbekam, musste das Stehcafé einer Bankfiliale weichen. Doch vielerorts rettet die Kneipe ein paar Ecken weiter das Lebensgefühl des Kiez: Hier kann man ab fünf Uhr Kuttelflecksuppe mit zwei Hörnchen für knapp drei Mark frühstücken – zwei Krüge Bier inklusive, versteht sich. Und während am Nachbartisch drei Maschinenbauer wortkarg ihre Nachtschicht hinunterspülen, wartet am Tresen, hinter dem tonlos der Fernseher läuft, ein Straßenbahnfahrer mürrisch auf den Dienstbeginn. Arbeitslos ist in den Kneipen keiner: Die Prager Erwerbslosen (die Quote liegt bei 2,5 Prozent) führen ihr Leben im Schatten der Bahnhöfe oder der Luftschächte von Kaufhäusern. Draußen schrillt eine Tram. Der Fahrer hält außerfahrplanmäßig vor der Kneipe, um seine Ablösung einzusammeln. Keines der wartenden Autos hupt: die Straßenbahn ist die Königin von Prag, sie darf alles. Für zwölf Kronen geht es auf rasante, rumpelnde Tour Richtung Innenstadt. Doch das Zentrum frisst sich in die Vorstädte – hohe Mieten und teure Geschäfte sind um die Jahrtausendwende nicht mehr allein repräsentativ für die Gegend um den Wenzelsplatz. Unschlüssig tasten sich die Straßenbahnen vorwärts, aufgerissenes Pflaster zwingt sie zu Umwegen. Allerorts sind hastige Hände dabei, Gasrohre zu betten, Stromkabel zu erneuern, Telefonleitungen zu legen. Noch besitzen viele Häuser einen Gemeinschaftsdraht mit vielen Nebenanschlüssen.

Dröhnende Presslufthämmer treiben Tauben in die Höhe. Prags Dächer mögen golden sein, unter'm Pflaster liegt jedoch mitnichten ein Strand: allerorten wird offensichtlich, dass frühere Kolonnen die Baugrube als Abfalleimer nutzten – bizarre Metallstücke, Hausmüll und Schutt klaubt der Minibagger aus der Furche. Ihm hinterher schaufeln oft genug Gastarbeiter aus der Ukraine. Für viele Staaten östlich der Tschechischen Republik sind Böhmen und Mähren mittlerweile Synonyme für Milch und Honig. Freitags setzt eine Völkerwanderung von Prag nach Košice, Prešov und Užgorod ein: slowakische und ukrainische Gastarbeiter fahren nach Hause und sitzen sonntags schweigend im Nachtzug retour.

Von der Sowjetunion lernen, heißt siegen lernen, donnerte es früher pathetisch in den Alltag der Tschechen. Seit 1989 verdingen sich viele Sieger des Großen Vaterländischen Krieges als Billig-Tagelöhner in Prag, wo das gespaltene Verhältnis zur ehemaligen Weltmacht ein Miteinander verhindert. Von der Roten Armee 1945 befreit und 1968 besetzt, beschränkt sich der Kontakt vieler Tschechen mit den ehemaligen sozialistischen Brüdern heute auf den Kauf einer Militärpelzmütze – Alltag in einem postkommunistischen Land, ein Jahrzehnt nach der Wende. Es sind auch diese Gegensätze, die jährlich 100 Millionen Besucher in die Tschechische Republik locken.

Gegensätze genug gibt es auf dem Besichtigungsplan für Pragbesucher. Die kleinste Sehenswürdigkeit ist das Jesuskind – eine Wachsstatue von Weltruhm. Vor 400 Jahren bekam Polyxene von Lobkowitz die 45 cm große Renaissancefigur als Hochzeitsgeschenk aus Spanien. Als ihr Mann starb, schenkte sie das Prager Jesuskind dem Karmeliterorden, der es in seiner »Kirche der Siegreichen Jungfrau Maria« auf der Kleinseite ausstellte. Wallfahrer stifteten ihm über die Jahrhunderte 45 Kleider, manche davon sind mit Perlen und Diamanten bestickt.

Am anderen Ende der Skala gibt es die größte in Bronze gegossene Reiterfigur der Welt zu besichtigen – der Hussitenführer Jan Žižka steht weithin sichtbar auf dem Vítkov-Hügel vor der Nationalen Gedenkstätte. Hier lieferten sich vor sechshundert Jahren die Hussiten unter Führung des einäugigen Žižka eine bedeutende Schlacht mit den Kreuzrittern. »Wo in anderen Städten Grundwasser fließt, hat Prag Blut«, fasste ein Historiker die Geschichte der Stadt einmal zusammen. 1419 begannen mit dem ersten Prager Fenstersturz die Hussitenkriege, und der zweite Fenstersturz war 1618 der Auftakt des Dreißigjährigen Krieges. Nachdem zwei katholische Adlige wortwörtlich aus der Prager Burg hinausgeworfen worden waren, begann ein Religionskrieg, den die Tschechen bitter bezahlen mussten. Als 1648 der Westfälische Friede geschlossen wurde, waren Böhmens Städte zerstört und die Bevölkerungszahlen halbiert. Mehr als drei Jahrhunderte später läutete der Einzug von Hitlers Truppen in Prag im März 1939 den Wahnsinn des Zweiten Weltkriegs ein, und im August 1968 zerstampften die Panzerketten des Warschauer Paktes den »Prager Frühling« und damit für lange Zeit die Demokratiebewegungen in Ostmitteleuropa. Doch auch positive Signale gingen von Prag aus, beispielsweise mit der Gründung der ersten Universität Mitteleuropas durch Karl IV. 1348. Um 1600 galt der Hof von Rudolf II. mit den Gelehrten Johannes Kepler und Tycho Brahe als herausragend in naturwissenschaftlichen Studien. Und im November 1989 führten die unblutigen Massendemonstrationen der »Samtenen Revolution« zum Rücktritt der sozialistischen Regierung.

Große und kleine Statuen, mächtige und ohnmächtige Herrscher, Hektik und Gemütlichkeit, verschiedene Religionen, zahlreiche Nationen, viele Hoffnungen: Prag war schon immer ein Ort, an dem europäische Geschichte geschrieben wurde. Was hier passierte, hatte Folgen – manchmal gute, oft genug aber auch böse. Für sensible Besucher ist all dies immer noch sichtbar, immer noch spürbar. Und wenn sich dann nachts das orange Laternenlicht matt auf dem Kopfsteinpflaster spiegelt und die Moldau müde gegen die Pfeiler der Karlsbrücke schwappt, spürt man die Krallen von »Mütterchen Prag« und den herben Reiz der böhmischen Schönen ganz tief, als erinnere sie an etwas, das man längst vergessen glaubte.

Blick auf die Prager Burg und den alles überragenden St.-Veits-Dom

ZDAR TOBĚ PRAHO VZDORUJ ČASU ZLOBĚ
JAK ODOLALAS VĚKY BOUŘÍM

Was schauen wir an?

Unterwegs zu tanzenden Häusern, bärtigen Prinzessinnen und tönernen Dienern. Und ganz nebenbei zu den schönsten Plätzen der Stadt

Schon Mozart war von der Vielfalt Prags beeindruckt. »Ich fahre jeden Tag den gleichen Weg nach Hause und sehe doch immer wieder etwas Neues«, sagte der Meister während eines Aufenthalts im Jahr 1791. Diese Erkenntnis ist noch heute gültig: Besucher und Einheimische staunen gleichermaßen über den Glanz renovierter Fassaden, wo zuvor monatelang Gerüste standen; sie suchen ihre Lieblingsbäckerei vom vergangenen Jahr vergeblich, weil dort jetzt eine Buchhandlung ist, und aus der Kneipe um die Ecke ist scheinbar über Nacht ein Restaurant geworden. Diese Beispiele ließen sich lange fortsetzen, denn auch nach der demokratischen Wende ist Prag keine ruhige Stadt geworden – im Gegenteil: der Wechsel ist Normalität.

Daneben gibt es grandiose Bauwerke, die ihre Erhabenheit über Jahrhunderte behalten haben: Die *Prager Burg*, der *Hradschin*, ist ein kunstvoll arrangierter Reigen aus Palais und Kanzleien mit dem von Peter Parler wesentlich mitgestalteten *Veitsdom* als Dominante. Geschichtsträchtiges Detail ist das versteckt gelegene *Goldmachergässchen*. Und in der ehemaligen Judenstadt (*Josefov*) spiegeln Synagogen und Zeremonienhäuser den einstigen Charakter des Viertels.

»Huldigung für Prag« heißt das Mosaik über dem Haupteingang des Repräsentationshauses

Als Tourist sollte man also ruhig machen, was auch die Prager pflegen: einen scheinbar ziellosen Spaziergang durch die Metropole. Streunen Sie durch die engen Gassen der *Altstadt*, verweilen Sie in den stillen Winkeln der *Kleinseite*, lassen Sie sich treiben vom pulsierenden Leben auf dem *Wenzelsplatz* und dem *Altstädter Ring*. Versäumen Sie aber nicht, einen Blick von einem Moldauhügel auf die Stadt zu werfen, die wie ein Märchenreich im Tal liegt. Und pflegen Sie bei aller Stein gewordenen Geschichte den Kontakt zu den liebenswerten Menschen der Goldenen Stadt. Es wird Ihnen schon bald leichtfallen, wie Mozart zu sagen: »Die Prager verstehen mich.«

BAUDENKMÄLER UND MONUMENTE

Altstädter Brückenturm (Staroměstská mostecká věž) (112/B 2)

Wo heute Touristen aus aller Welt flanieren, hielt 1648 eine Armee aus Studenten und Juden die Schweden auf und gab dem Dreißigjährigen Krieg eine entscheidende Wende. Beim Gefecht wurde der Zierrat an der Brückenseite des Turms zerstört. Trotzdem gilt die um 1391 nach Plänen von Peter Parler gebaute Steinsäule als Europas prachtvollster Brückenturm des Mittelalters. Die Wappen über dem Tor symbolisieren die zehn Länder, die Karl IV. zum böhmischen Königreich vereinigte. Der »Eisvogel im Liebesknoten« war das Zeichen König Wenzels IV., der den Turm vollendete. Im Kerkergewölbe sieht man heute noch Inschriften von Inhaftierten. *Tgl. 9–19 Uhr, Karlův most, Metro: Staroměstská (A)*

Altstädter Rathaus (Staroměstská radnice) (112/C 2)

Willkommen bei der »meistfotografierten Männergruppe seit den Beatles«. So jedenfalls nannte eine Prager Zeitung einmal die zwölf *Apostelfiguren,* die jede volle Stunde aus zwei unscheinbaren Luken des Rathausturms schauen. In Spitzenzeiten stehen Hunderte vor der Südseite des frühgotischen Hauses, um die Besuchersensation zu sehen. Apropos Zeit: Die filigrane *Astronomische Uhr* zeigt seit 1410 – mit störungsbedingten Unterbrechungen –, ob die Sterne günstig stehen. Umrahmt sind die Kalenderscheiben von den »vier größten Gefahren der Menschheit«, wie man sie damals sah: der Tod droht mit der Sanduhr, die Eitelkeit kokettiert mit ihrem Spiegelbild, ein Türke droht mit weiteren Kriegen und ein Geizhals schüttelt einen prallen Beutel. König Johann von Luxemburg hatte im September 1338 der Verwaltung angeboten, aus dem Ertrag der Weinsteuer ein Rathaus zu bauen. Bereits wenige Wochen später erstand die Gemeinde das Haus des Kaufmanns Wolflin und vergrößerte es nach 1360. Zunächst wurden benachbarte Häuser geschickt angebaut, dann zog die Altstadt den schlanken *Turm* als »Symbol der weltlichen Macht« hoch. Der fast 70 m hohe Bau war aber auch Schauplatz eines folgenreichen Massakers: Vor der Ostseite, wo Kreuze in das Pflaster eingelassen sind, ließen 1621 die katholischen Habsburger 27 protestantische Anführer hinrichten. Erst

Alle Stunden wieder: Warten auf das Erscheinen der Apostel

MARCO POLO TIPPS FÜR BESICHTIGUNGEN

1 **Prager Burg**
Politisches und geistiges Zentrum des Landes (Seite 25)

2 **Karlsbrücke**
Barocke Statuenallee über die romantische Moldau (Seite 18)

3 **Altstädter Ring**
Astronomische Uhr und kunstvoller Palaisreigen (Seite 24)

4 **Kleinseite**
Das Vorzimmer der Prager Burg (Seite 30)

5 **Alter jüdischer Friedhof**
Eindrucksvolles Denkmal einer untergegangenen Welt (Seite 19)

6 **Altstadt**
Vitales Viertel mit Theaterkulissen-Charakter (Seite 29)

7 **Wenzelsplatz**
Boulevard der Eiligen und Schlendernden (Seite 25)

8 **Vyšehrad**
Bizarrer Felsen mit Kirche und berühmtem Friedhof (Seite 20)

drei Jahrhunderte später, nach dem Ersten Weltkrieg, konnten sich die Tschechen aus der Abhängigkeit befreien. *Tgl. 9–17.30 Uhr, PIS-Info im Rathaus, Staroměstské náměstí, Metro: Staroměstská (A)*

Clementinum (112/B 2)
Seinen Namen trägt das im Barockstil gebaute Clementinum nach der St.-Clemens-Dominikanerkirche, die 1713 nach Dientzenhofer umgestaltet wurde. Auf dem gut 2 ha großen Gelände zwischen Moldau und Altstadt standen früher 25 Häuser sowie ein Kloster mit Kirche und Garten. Die jetzige Form verdankt das Gelände hauptsächlich den Jesuiten, die das Areal zwischen 1653 und 1778 bebauten. Heute beherbergt der größte Gebäudekomplex Prags nach der Burg mehrere *Konzertsäle,* eine *Sternwarte* und vorrangig die *Staatsbibliothek* mit etwa 5,5 Mio. Publikationen. Darunter sind Manuskripte aus dem Mittelalter und Kuriositäten wie die Sammlung altböhmischer Schimpfworte. *Lesesaal Mo 14–18 Uhr, Di–Fr 8–18 Uhr, Sa 8–12 Uhr (nicht während der Ferien); Eingang Křižovnická, Karlova ulice, náměstí Mariánské, Metro: Staroměstská (A)*

Haus zur Steinernen Glocke (U kamenného zvonu) (112/C 2)
»Hier stand doch ein ganz anderes Gebäude«, wird sich mancher wundern, der zuletzt in den 60er-Jahren in Prag war. Das ist richtig – und doch falsch: Damals war das Turmhaus mit dem üppigen Stuck und dem orginellen Giebel zwar ein schöner, aber keinesfalls spektakulärer Neobarockbau. Dann legten Archäologen bei einer Renovierung den gotischen Kern frei – und dem Palais mit der eingemauerten Glocke in der Fassade schlug eine neue Stunde. In seinem altneuen gotischen Gewand steht das Haus nun zwischen einem Barockpalast und einem Markt-

haus aus der Renaissance. *Nur bei Ausstellungen tgl. außer Mo 10–18 Uhr, Staroměstské náměstí 13, Metro: Staroměstská (A)*

Jüdisches Rathaus (Židovská radnice) (112/C 1)
Der spätbarocke Bau entstand 1763 nach dem Umbau des ursprünglichen Rathauses aus dem 16. Jh. Die Turmuhr am Giebel trägt hebräische Ziffern, und ihre Zeiger bewegen sich in umgekehrter Richtung. In dem Eckhaus, übrigens dem einzigen jüdischen Rathaus außerhalb des Staates Israel, sitzt heute die Gemeindeverwaltung sowie die Föderation der tschechischen jüdischen Gemeinden. *Maislova 18, Metro: Staroměstska (A)*

Karlsuniversität (Karlova univerzita) (113/D 2–3)
Auch 650 Jahre nach ihrer Gründung hat die Lehranstalt noch einen klingenden Namen. Karl IV. hatte sie am 7. April 1348 als erste mitteleuropäische Universität gegründet. Studenten mussten jedoch zunächst auf einen Campus verzichten, denn als Hörsaal dienten den vier Fakultäten Klöster und Kirchen – die größten Gebäude damals. Erst 1383 schenkte Wenzel IV. dem Collegium Carolinum das gotische Haus des Münzmeisters Johlin Rothlev. Nach der Barockisierung der Fassade durch František M. Kaňka 1718 wurde später auch die imposante *Aula* im ersten Stock umgestaltet. Der dort hängende *Wandteppich* »Karl IV. kniet vor dem hl. Wenzel« stammt von Václav Sychra (1947). Die Deckenvorhänge mit den Wappen der böhmischen Länder haben übrigens nicht nur optische Funktion: Sie wurden zur Verbesserung der Akustik angebracht. Die verschiedenfarbigen Steine an der Fassade des Karolinums wurden in den vergangenen Jahrzehnten bei Renovierungen eingefügt. Damit sollen neue und alte Bausubstanz deutlich gemacht werden. *Železná ulice, Metro: Můstek (A, B)*

Loretoheiligtum (Loreta) (105/D 5)
Italienische Besucher staunen meist über das zwischen 1626 und 1631 entstandene Areal – steht dasselbe Heiligtum nicht in der Nähe der Stadt Ancona? Richtig: Der Prager Komplex ist eine Nachbildung. Ursprünglich soll die »Casa Santa« aber die Wohnung der Jungfrau Maria in Nazareth gewesen sein. Legenden zufolge trugen Engel das Haus aus Palästina in die Lorbeerplantage Loreto bei Ancona. Kein Wunder, dass die Fürstin Lobkowicz als (Nach-)Baumeister zwei Italiener wählte: Giovanni Orsi und Andrea Allio. Eindrucksvoll ist vor allem der zweistöckige *Kreuzgang* der Casa – die zweite Etage (1740) stammt von Kilian Ignaz Dientzenhofer. Er hatte zwanzig Jahre zuvor bereits die Front mit dem *Glockenturm* gebaut. Von dort erklingt zu jeder vollen Stunde das der Jungfrau Maria gewidmete Lied »Sei tausendmal gegrüßt«.

Im Innern der Casa ist besonders die aus Lindenholz geschnitzte *Madonna* sehenswert – und die kuriose *Statue der Heiligen Kümmernis:* Die Legende erzählt, dass der Himmel einer portugiesischen Prinzessin einst einen buschigen Bart sprießen ließ, damit Männer keinen Gefallen an ihr finden sollten. Weitaus anziehender ist jedenfalls die mit 6222 Diamanten besetzte, 90 cm hohe und 12 kg schwere *Monstranz*, die 1698/99 in Wien hergestellt wurde. *Tgl. außer Mo 9–12 und 13–17 Uhr, Loretánské náměstí 7, Metro: Hradčanská (A)*

Lustschloss Stern (Hvězda) (O)
Der Star unter den Vorstadt-Sehenswürdigkeiten: Das sternförmige Lustschloß (1555) von Erzherzog Ferdinand beherbergt ein *Museum* für den Schriftsteller Alois Jirásek und den Maler Mikoláš Aleš. Im oberen Stockwerk informiert eine Ausstellung über die 1620 hier ausgetragene Schlacht am Weißen Berg, die die Tschechen gegen die Habsburger verloren. Der in einem Wildpark stehende Renaissancebau ist ein schöner Ausgangspunkt für Ausflüge in die Umgebung. *Straßenbahn 8, 22, Station Hvězda*

Neue Welt (Nový svět) (105/D 5)
Ganz in der Nähe des Loretoheiligtums befindet sich dieses pittoreske Viertel aus dem 16. Jh. Das heutige Aussehen der Häuschen, in denen viele Maler ihre Ateliers haben, stammt aus dem 18. Jh. In der »Goldenen Birne« (Nr. 3) kehrten vor Jahrzehnten die einfachen Leute ein, heute ist das Restaurant etwas für gehobene Ansprüche. In der Nr. 1 wohnte um 1600 der dänische Astronom Tycho Brahe, der am Hof von Kaiser Rudolf II. angestellt war. Und für Insider: In der Neuen Welt befand sich in den 60er-Jahren auch das kreative Hauptquartier von »Pan-Tau«-Regisseur Jindřich Polák. *Metro: Hradčanská (A), Straßenbahn 22, Haltestelle Pohořelec*

Pulverturm (Prašná brána) (113/E 2)
Die Bauzeit ist rekordverdächtig: Der gotische Turm war 1475 begonnen, aber erst vierhundert Jahre später beendet worden. 1484 brach man die Arbeiten an dem Repräsentationsobjekt ab, weil der damalige König Vladislav seinen Amtssitz von der Altstadt in die Burg verlegte. Der 65 m hohe Turm erhielt ein provisorisches Dach und diente Ende des 17. Jhs. als Schwarzpulverlager (daher der Name). Erst 1886 wurde bei einer Restaurierung ein Walmdach montiert. *April–Okt. tgl. 9–19 Uhr, náměstí Republiky, Metro: Náměstí Republiky (B)*

Repräsentationshaus (Obecní dům) (113/E 2)
Das atemberaubende Beispiel tschechischer Sezessionsarchitektur wäre ohne den Wechsel des Amtssitzes von König Vladislav kaum gebaut worden. Nach dessen Umzug in die Burg entstand auf dem ehemaligen Königshof das Repräsentationshaus (1906–11) mit dem halbkreisförmigen Mosaik »Huldigung für Prag« von Karel Špillar über dem Haupteingang. Im *Smetana-Konzertsaal* beginnt alljährlich das renommierte Musikfestival »Prager Frühling«. Außerdem befinden sich im *Repre*, wie das Repräsentationshaus im Sprachgebrauch der Prager heißt, noch fünf weitere Säle, zwei Restaurants und ein Café.

Die Renovierung des *Obecní dům* (auf deutsch eigentlich »Bürgerhaus«) 1995–97 kostete etwa 10 Mio. Mark. *Bei Gruppenbesuchen können Führer mit Fremdsprachenkenntnissen am Infostand im Erdgeschoss oder unter Tel. 22 00 21 01*

Seit 1996 tanzen »Ginger und Fred« in Tschechiens Hauptstadt

angefordert werden, náměstí Republiky 5, Metro: Náměstí Republiky (B)

Rudolfinum **(112/B 1)**
Wenn das Repräsentationshaus einen Smetana-Saal hat, darf im Rudolfinum (1876–84) eine Huldigung an das zweite tschechische Musikgenie nicht fehlen. Im *Haus der Künstler* (wie der Neorenaissancebau mit offiziellem Beinamen heißt) führt eine eindrucksvolle Säulenhalle zum *Dvořák-Konzertsaal.* Am Entwurf der Architekten Josef Schulz und Josef Zítek ist außerdem die mondäne *Freitreppe* bemerkenswert – sie diente bereits zahlreichen TV-Werbespots als Hintergrund. Das nicht nach dem Kaiser, sondern dem späteren Kronprinzen Rudolf benannte Haus, das von Antonín Dvořák feierlich eröffnet worden war, beherbergte auch für kurze Zeit das Parlament. *Tgl. außer Mo 10–18 Uhr, Metro: Staroměstská (A)*

Tanzendes Haus (Taneční dům) **(112/B 5)**
Der amerikanische Architekt Frank O. Gehry und sein jugoslawischer Kollege Vlado Milunič füllten 1996 die Lücke, die eine Fliegerbombe im Zweiten Weltkrieg gerissen hatte, mit einem kühnen Entwurf. Die Prager mögen ihn: Schon kurz nach dem Richtfest erhielten die beschwingten Säulen den Kosenamen »Ginger & Fred« – nach dem furiosen Duo Ginger Rogers und Fred Astaire. Die Kurven an der Fassade sollen die Moldauwellen versinnbildlichen. Im Haus nebenan (Nr. 78) wohnte lange Zeit ein berühmter Bürgerrechtler: Václav Havel. *Rašínovo nábřeží 80, Metro: Karlovo náměstí (B)*

BRÜCKEN

Čech-Brücke (Čechův most) **(106/B 4)**
Die elegante Jugendstilbrücke wurde zwischen 1906 und 1908 nach Entwürfen des Ingenieurs Josef Soukup und des Architekten Jan Koula gebaut und verbindet die Altstadt mit dem Kai des Letná-Parks. Die Statue der Siegesgöttin Victoria stammt von dem Bildhauer Antonín Popp, der auch den imposanten Löwen auf dem Dach der Nationalbank (Náměstí Republiky) schuf. Eindrucksvoll sind ebenfalls die Figuren der Fackelträger von Karel Opatrný. *Metro: Staroměstská (A)*

Karlsbrücke (Karlův most) **(112/A–B 2)**
★ Auf der 10 m breiten und 520 m langen Brücke buhlen heute ukrainische Karikaturisten, tschechische Puppenspieler und

amerikanische Gitarristen um die Aufmerksamkeit der Passanten. Vierhundert Jahre lang war die auf 16 Pfeilern ruhende gotische Karlsbrücke die einzige Verbindung zwischen Altstadt und Kleinseite. Kaiser Karl IV. hatte sie 1357 unter der Aufsicht von Peter Parler bauen lassen – mit blanker Brüstung: Erst zwischen 1657 und 1714 kamen nach und nach die heute kaum wegzudenkenden *Figuren* hinzu. Die bekannteste Statue dürfte der *Hl. Nepomuk* sein (von der Altstadtseite die achte Figur rechts, sie war 1683 eine der ersten auf der Brücke). Der Brückenheilige schützt auch in der böhmischen Provinz, in Schlesien, entlang der Elbe und in Bayern vor Hochwasser und Schiffsunglücken. Das Handauflegen am Relief im Pfeiler soll Glück bringen – die blankgeriebene Stelle macht klar, wieviele Besucher daran glauben. Zwischen dem sechsten und siebten Pfeiler rechts markiert ein *Kreuz* in der Brüstung den Ort, wo der Priester vor sechshundert Jahren von den Schergen des Königs Wenzel IV. in den Fluss gestürzt wurde. Er hatte sich trotz Folter an das Beichtgeheimnis gehalten. Die erste Figurengruppe der Karlsbrücke war 1657 übrigens die *Kreuzigungsszene* (dritte Statue rechts), die bisher letzte das Heiligenduo *Kyrillos und Methodios* (1938, fünfte Statue rechts). *Aussichtsturm April–Okt. tgl. 10–18 Uhr, Nov.–März 10–17 Uhr, Karlův most, Metro: Staroměstská (A)*

FRIEDHÖFE

Alter jüdischer Friedhof (Stáry židovský hřibitov) (112/C 1)

★ Was wie kunstvoll arrangiert aussieht, entstand aus purer Platznot: Weil auf dem jüdischen Friedhof Gräber nicht nach einer bestimmten Zeit »aufgehoben« wurden, musste jahrhundertelang neue Erde aufgeschüttet werden. Als Ergebnis liegen die Toten hier in bis zu neun Schichten übereinander, und die Steine stehen dicht an dicht. Das be-

Auf dem alten jüdischen Friedhof stehen die Grabsteine dicht an dicht

kannteste Grab des Friedhofs gehört dem 1609 gestorbenen Schöpfer des legendären Golems, Jehuda Liwa ben Bezallel, genannt Rabbi Löw. Das letzte Begräbnis fand hier nachweislich im Mai 1787 statt, aber wann das erste der schätzungsweise 200 000 Gräber errichtet wurde, weiß niemand so genau. Der älteste der 12 000 Steine stammt jedenfalls aus dem Jahr 1439. Wer das Grab von Franz Kafka sucht, wird es hier nicht finden – der Schriftsteller liegt auf dem neuen jüdischen Friedhof. *Tgl. außer Sa 9.30–18 Uhr, U starého hřbitova 3a, Metro: Staroměstská (A)*

Neuer jüdischer Friedhof (Nový židovský hřbitov) (O)
Den neuen jüdischen Friedhof besuchen zu Recht viele nur wegen Franz Kafka. Die letzte Ruhestätte des 1924 gestorbenen Autors befindet sich gleich in der ersten Reihe des Gräberfelds, wenn man aus Richtung des Hotels »Don Giovanni« kommt (drittes Eingangstor). Sehenswert sind auch die Soldatengräber aus beiden Weltkriegen. *Do und So 9.15–15.30, Fr 9–12.30 Uhr, Žižkov, Nad vodovodem 1, Metrostation Želivského (A)*

Vyšehrad (Hochburg) (110/B 4)
★ Nur am Wochenende trifft man auf dem bizarren Moldaufelsen viele Spaziergänger, die meisten Pragbesucher meiden Vyšehrad. Zu ihrem eigenen Schaden, denn von der *Peter-und-Paul-Kirche* hat man einen schönen Blick über die Stadt. Auf diesem Hügel orakelte um 725 die Fürstin Libuše, Stammmutter der Přemyslidendynastie, der Stadt einen »Ruhm, der bis zu den Sternen reicht«. Später stand hier die Siedlung böhmischer Fürsten. Die erste Burg, von der unter anderem noch die romanische *Martinsrotunde* zu sehen ist, wurde im 15. Jh. während der Hussitenkriege zerstört. Die Rotunde von 1275 ist übrigens eins der ältesten Bauwerke Prags. In der Nähe führt ein Tor zu einem unterirdischen Lager, in dem zahlreiche Originalstatuen der Hauptstadt vor dem Zerfall geschützt werden. Durch ein Portal neben der Kirchenfront gelangt man zum *Ehrenfriedhof* des Landes, dem *Slavín*. Hier wurden viele hervorragende Persönlichkeiten der tschechischen Geschichte bestattet, unter anderem die Komponisten Bedřich Smetana und Antonín Dvořák und die Schriftsteller Karel Čapek, Jan Neruda und Božena Němcová. Als erster war hier 1901 der Dichter Julius Zeyer begraben worden. *Tgl. 9.30–17 Uhr, Soběslavova, Metro: Vyšehrad (C)*

KIRCHEN

Maria-Schnee-Kirche (Kostel Panny Marie Sněžné) (113/D 3)
Karl IV. ließ auch Gotteshäuser errichten. Eines davon ist die Kirche Maria Schnee, mit deren Bau 1347 begonnen wurde. Nach dem Willen des Kaisers sollte sie als Krönungskirche dienen, und dementsprechend ehrgeizig angelegt war der ursprüngliche Plan – sollte sie doch den Veitsdom an Größe übertreffen. Die Arbeiten wurden wegen der Hussitenkriege unterbrochen und im 17. Jh. mit Renaissance-Umbauten kurz wieder aufgenommen. Mit ihrer Schiffhöhe von 33 m ist die Maria-Schnee-Kir-

che der höchste Kirchenbau der Hauptstadt. Im Innern steht auf dem größten Prager Altar das Gemälde »Mariä Verkündigung« (1724) von Václav Vavřinec Reiner. *Jungmannovo náměstí, Metro: Můstek (A, B)*

St.-Niklas-Kirche (Chrám sv. Mikuláše) (105/E 5)

Atemberaubend: In der St.-Niklas-Kirche (1703–56) fände der 60 m hohe Aussichtsturm des Petřínhügels locker Platz – so monumental entwarfen Vater und Sohn Dientzenhofer das barocke Gotteshaus auf der Kleinseite. Als Johann Lukas Kracker 1760 das *Fresko* über dem 75 m hohen Hauptschiff malte, schauten Dutzende Prager täglich dabei zu. »Die Verherrlichung des hl. Nikolaus« gehört mit 1500 qm zu Europas größten Gemälden. Das Dreifaltigkeits-Fresko in der Kuppel malte Franz Xaver Balko, die vier mächtigen Figuren darunter schuf der Rokokobildhauer Ignaz Platzer.

Auch bei der Gestaltung des Glockenturms hatte die Familie Dientzenhofer die Finger im Spiel: Den fast 80 m hohen Bau entwarf Schwiegersohn Anselm Lurago. *Malostranské náměstí, Metro: Malostranská (A)*

Teynkirche (Týnsky chrám) (113/D 2)

Das Prachtstück böhmischer Gotik (1365–1511) mit seinen 80 m hohen Türmen dominiert den Altstädter Ring. Der kräftigere rechte Turm (genannt »Adam«) spendet dem schlankeren (»Eva«) im Sommer Schatten und senkt so die Temperaturen im Turminneren – das war wichtig in Zeiten, in denen »Eva« als Lager für leicht Verderbliches diente. Die *Marienstatue* kam erst im 17. Jh. an die Fassade, zuvor prangte hier ein riesiger Kelch – das Zeichen der Hussiten, die das Abendmahl mit Brot und Wein zelebrierten. Nach ihrer Niederlage 1620 wurde der Kelch eingeschmolzen und zum Formen der Madonna benutzt.

Im kargen Innern der Kirche befindet sich nahe des Hauptaltars die *Grabplatte* (1601) von Tycho Brahe. Der dänische Astronom von Kaiser Rudolf II. trug zu Lebzeiten eine Nase aus Gold und Silber, da er seine eigene bei einem Duell in Rostock verloren hatte. *Staroměstské náměstí, Metro: Staroměstská (A)*

PARKS UND GÄRTEN

Franziskanergarten (Františkánská zahrada) (113/D 4)

Zahlreiche Bänke und Spazierwege bieten in unmittelbarer Nähe des hektischen Wenzelplatzes eine Insel der Ruhe im Häusermeer. Zuvor war der Platz für manche ein Ort der ewigen Ruhe: Ein Teil des Gartens entstand auf dem früheren Friedhof des Franziskanerordens. Eine entsprechende Verwandlung machte die Hütte inmitten der Beete durch: Sie war zunächst eine Leichenhalle, dann wurde sie zum Gartenhaus. Im Laufe der Jahre wurde das vorbildlich gepflegte Gelände mit ungewöhnlichen Kunstwerken ergänzt: Während eine Kinderfigur namens David sich am Wasser labt, laufen auf einem anderen Sockel drei weibliche Fabelwesen geheimnisvoll umher. *Jungmannovo náměstí, Metro: Můstek (A, B)*

Kampa **(105/F 6)**
Die anmutige Halbinsel ist ein beliebter Ort für Spaziergänge. Von der Kleinseite trennt sie fast über die ganze Länge ein künstlicher Moldauarm, der Teufelsbach *Čertovka.* Er diente den lokalen Mühlen jahrhundertelang als Antrieb. Am nördlichen Ende des Bachs ragt das *Prager Venedig (Pražské Benátky)* hervor, eine Gruppe alter Häuser. Ursprünglich befanden sich auf der Kampa nur Parkanlagen, dann kamen immer mehr Mühlen hinzu. Die erste war im 13. Jh. die *Sova-Mühle (Sovovy mlýny),* die im Jahr 2000 restauriert werden soll. Die Bürgerhäuser auf der Kampa entstanden erst im 16. Jh. *Metro: Malostranská (A)*

Königsgarten (Královská zahrada) **(105/E 4)**
Der renommierte Gartenmeister Francesco aus Italien legte das Areal 1534 nach dem Plan des Architekten Giovanni Spazio an. Es war der erste Garten italienischen Typs in Böhmen. Zwischen 1555 und 1558 erweiterten Michelgerco und Pacuraru das Gelände, das kurz darauf von Jan Vredeman de Vries im holländischen Stil umgestaltet wurde. In der zweiten Hälfte des 17. Jhs. erhielt der Garten seine gegenwärtige Gestalt als französischer Barockpark. Das angrenzende *Ballhaus* dient heute als Galerie. Die Statue »Allegorie der Nacht« vor dem Gebäude stammt vermutlich von Matthias Braun. *Metro: Hradčanská (A)*

Seminargarten (Seminářská zahrada) **(105/E 6)**
Der Garten wurde Mitte des 17. Jhs. für den Karmeliterorden bei der Maria-Siegreich-Kirche gegründet. Seinen heutigen Namen bekam er aber erst Ende des 18. Jhs., als er zum erzbischöflichen Seminar gehörte.

Heute ist der Garten besonders im Frühjahr ein beliebter Ort für Spaziergänge. Sobald der Abhang üppig blüht, unternehmen Maler und Fotografen einen Generalangriff, Kinderwagen werden über den sorgsam geschnittenen Rasen geschoben, Hunde springen übereinander und Jugendliche besetzen im süßen Rausch der ersten Liebe die Bänke. *Straßenbahnhaltestelle Hellichova ab Metrostation Národní třída (B)*

Terrassengärten der Burg (Hradni terasovité zahrady) **(105/E 5)**
Paradiesisch an den Burghügel geschmiegt liegen die mit Brüstungen, Treppen und Brunnen verzierten Gärten der Adelsgeschlechter Ledebour, Fürstenberg und Kolowrat. Letzterer gilt als schönstes Areal der Kleinseite. Der Rokoko-Garten war um 1784 von Ignác Palliardi entworfen worden. Im dazugehörigen Palais hatte von 1923 bis Kriegsbeginn die demokratische tschechoslowakische Regierung ihren Sitz.

Auch der Ledebour-Garten wurde von Palliardi entworfen (1787). Das hübsche Gelände ist mit Hilfe einer Stiftung, zu deren Mitgliedern auch Präsident Václav Havel und der britische Thronfolger Prinz Charles gehören, renoviert worden. Der Architekt des Fürstenberg-Gartens ist nicht bekannt. Das Palais ist heute Sitz der polnischen Botschaft. *Metro: Malostranská (A)*

Vojan-Park
(Vojanovovy sady) **(105/F 5)**
Der unspektakuläre Schlupfwinkel war früher ein Klostergarten für englische Nonnen. Davor stand hier im 13. Jh. ein Hof der Prager Bischöfe, dessen Fundamente bei dem Bau des Finanzministeriums freigelegt wurden. Außer einigen Plastiken schmücken den Park auch lebende Tiere, zum Beispiel ein in Prag recht populärer Pfau. Die Apfelbäume im Vojan-Park gehören der Stadt, ihre wohlschmeckenden Früchte können jedoch von den Besuchern bedenkenlos gepflückt – und gegessen – werden. *Metro: Malostranská (A)*

Vrtba-Garten
(Vrtbovská zahrada) **(105/E 5)**
Der böhmische Architekt František M. Kaňka hatte den unterhalb des Strahov-Klosters liegenden Barockgarten 1726 entworfen. Man erreicht ihn durch eine Schmuckpforte von Matthias B. Braun, der auch zahlreiche Plastiken für den dreieckigen Garten entwarf. Am oberen Ende befindet sich eine Terrasse mit Sicht über die Altstadt und Kleinseite. Die glatte Stuckwand der Terrasse war ursprünglich mit dekorativen Motiven bemalt. Im hinteren Flügel des Vrtba-Palastes hatten im 19. Jh. Falschmünzer eine Werkstatt. *Karmelitská 25, Metro: Malostránská (A)*

Waldstein-Palais
(Valdštejnský palác) **(105/E 5)**
Der Wallenstein-Palast entstand zwischen 1625 und 1630 nach Plänen von Andrea Spezza und war der erste Monumentalbau des Prager Barocks. An der Decke befindet sich in einem Stuckrahmen ein originelles Bild des Feldherren als Kriegsgott Mars (1963 renoviert).

Ursprünglich sollte der Palast an Prunk gar die Burg übertreffen. Von dem ehrgeizigen Plan zeugt die großartige *Sala terrena* von Giovanni Pieroni (1627), ein zum Garten führender Säulengang. Auf dem künstlichen Teich hat der tschechische Erfinder Josef Božek 1816 Versuche im Rahmen eines Dampfschiff-Projekts unternommen.

Die *Bronzestatuen mythologischer Götter* sind Kopien der Werke Adriaen de Vries'. Die Originale von 1626 wurden während des Dreißigjährigen Krieges von schwedischen Soldaten mitgenommen und stehen heute im Schloss Drottningholm. *Metro: Malostranská (A)*

Reformator und Nationalheld

Schier unerschütterlich steht die Statue von Jan Hus auf dem Altstädter Ring. Wanken wollte der Reformator auch 1415 vor dem Konzil in Konstanz nicht. Der 1370 in armen Verhältnissen in Südböhmen geborene Hus schwor dort den sozialkritischen Thesen des englischen Theologen John Wycliffe nicht ab und endete trotz einer Schutzgarantie des deutschen Königs Sigismund auf dem Scheiterhaufen. Der Tod des Nationalhelden entzündete die Hussitenkriege. Auf dem Sockel des 1915 errichteten Denkmals steht unter anderem der Wahlspruch »Die Wahrheit siegt«.

PLÄTZE

Altstädter Ring (Staroměstské náměstí) (112/C 2)

★ Der älteste Prager Platz lässt sich von einem bequemen Stuhl aus am besten betrachten. Dutzende, allerdings preisintensive Restaurants bieten dazu im Sommer Gartenlokale an. Auf dem Altstädter Ring (damals »Großer Platz« genannt) wurden bereits im 12. Jh. Waren umgeschlagen. Händler aus ganz Europa boten hier Gewürze und Gemüse, Schmuck und Seide, Holz und Zuchttiere an. Zuvor mussten die Kaufleute jedoch im Hof hinter der Teynkirche einen Zoll zahlen, das »Ungelt«. So heißt der 1996 nach kostspieliger Renovierung eröffnete Platz noch heute. Und auch auf dem Altstädter Ring wird heute wieder mit allem Möglichen gehandelt. Bei den Dingen, die vorrangig Touristen angeboten werden, scheint Qualität und Authentizität nicht gerade Bedingung zu sein. Hauptanziehungspunkt für die Besucher des traditionellen Zentrums ist die *Astronomische Uhr* am *Altstädter Rathaus* mit der stündlichen »Apostel-Parade« *(10–22 Uhr)*. Genaue Beobachter können an den halben Fensterrahmen sehen, dass der Nordflügel des Rathauses fehlt. Er wurde in den letzten Tagen des Zweiten Weltkriegs bei Gefechten der abziehenden Wehrmacht ruiniert. An der Ostseite des Rathausturmes wurden 1621 nach der verlorenen Schlacht am Weißen Berg 27 Protestanten hingerichtet. Den Märtyrertod starb auch *Jan Hus,* dessen *Statue* sich inmitten des Platzes erhebt. Um den 1415 »wegen Ketzerei« in Konstanz verbrannten Reformator gruppierte Bildhauer Ladislav Šaloun Unterdrückte (links) und Aufständische (rechts). Ein Augenschmaus sind die zahlreichen

Auf dem Altstädter Ring wird auch heute noch alles Mögliche verkauft

Palais im Rokoko-, Renaissance- und Gotikstil des Altstädter Rings, die berühmte Bewohner wie Franz Kafka, Albert Einstein und Bedřich Smetana hatten (Gedenktafeln erinnern daran). *Metro: Staroměstská (A)*

Wenzelsplatz (Václavské náměstí) (113/D 3–E 4)

★ ✪ Ein Boulevard der Eiligen, der Schlendernden, der Verliebten, der Erlebnishungrigen, der Taschen- und der Tagediebe: Das ist der Wenzelsplatz heute. Er beherbergt zwei Metrostationen, zwölf Wechselstuben, zahlreiche Büros, Geschäfte und Restaurants, dabei hatte ihn Karl IV. 1348 lediglich als Rossmarkt vor den Toren der Altstadt gegründet. 500 Jahre später unterlagen die Böhmen hier in einem Streit den Habsburgern. Zum Trotz gaben sie dem 750 m langen und 60 m breiten Ort den Namen des Landespatrons *Wenzel*. Er steht als *Bronzedenkmal* am oberen Ende des Platzes, vor dem gewaltigen Gebäude des Nationalmuseums. Flankenschutz geben der Reiterfigur die Statuen der Landesheiligen Agnes, Ludmila, Prokop und Adalbert (Vojtěch). In der Nähe des Denkmals beging der Student Jan Palach am 16. Januar 1969 aus Protest gegen die Lethargie des Volkes nach dem Einmarsch der Warschauer-Pakt-Staaten Selbstmord durch Verbrennung. In den 80er-Jahren versuchte Innenminister Strougal, mit der Anlage des mittleren Grünstreifens Demonstrationen zu verhindern. Wenige Jahre später konzentrierte sich trotzdem auf dem Wenzelsplatz der Protest gegen das kommunistische Regime. Als der Bürgerrechtler und Dramatiker Václav Havel im November 1989 vom Balkon des Verlagshauses Melantrich sprach, war die demokratische Revolution nicht mehr aufzuhalten. *Metro: Můstek (A, B), Muzeum (A, C)*

PRAGER BURG/HRADSCHIN

★ ✦ ✪ **(105/E 4–5)** Das größte zusammenhängende Burgareal der Welt ist an manchen Tagen zu klein für die zahlreichen Besucher. Wer daher das Ambiente der 7,2 ha großen Anlage ganz genießen will, sollte am frühen Morgen oder späten Nachmittag kommen. Nicht unwahrscheinlich, dass Sie hier dem ehemaligen Bürgerrechtler Václav Havel begegnen – seit der Gründung der Tschechoslowakei als Folge der zerfallenen Donaumonarchie am 28. Oktober 1918 ist der Hradschin die Residenz des Staatspräsidenten. Der 1936 geborene Havel war Ende 1989 nach 51 Jahren Kommunismus zum Staatsoberhaupt gewählt worden. Seine letzte Amtszeit läuft im Jahr 2003 aus. Die Anwesenheit des Präsidenten ist übrigens leicht prüfbar: Weht auf dem Burgdach die Fahne mit dem Wappen des böhmischen Löwen und der Hussitenparole »Die Wahrheit siegt«, dann ist das Staatsoberhaupt zumindest im Lande.

Freunde martialischer Bauweise mögen enttäuscht sein: Die Prager Burg steht zwar an der strategisch günstigsten Stelle der Moldaustadt, aber sonst fehlen ihr fast alle klassischen Attribute. Es gibt weder eine Zugbrücke noch einen Wehrgang, geschweige denn eindrucksvoll dicke Mauern. Das 570 m lange und 128 m breite Areal wirkt tatsächlich eher wie ein Schloss, wenn es auch nicht die Eleganz von Sanssouci oder des Buckingham Palace hat. Die klassizistische Gestaltung der Frontseite (1753–75) unter Maria Theresia unterstreicht dies. Vielleicht am nachhaltigsten haben die Detailarbeiten des slowenischen Architekten Jože Plečnik in den 20er Jahren des 20. Jhs. das Aussehen der Burg geprägt. Von ihm stammt auch die bemerkenswerte Kirche auf dem Platz *Jiřího z Poděbrad* im Stadtteil *Vinohrady* (Weinberge). Als Glanzzeit der Burg gilt die Regierungszeit von Kunstmäzen Rudolf II. um 1600. *Metro: Hradčanská (A)*

Das Burggelände

Die *Adelspaläste* am Hradschiner Platz *(Hradčanské náměstí)* entstanden erst nach einem großen Brand im Jahr 1541, vorher war das leicht abschüssige Areal von etlichen Bürgerhäusern umgeben. Wenige Jahre nach der Feuersbrunst wurden hier Anführer eines Aufstandes gegen die Habsburger hingerichtet. Das *Eingangstor* der Burg wird von den »Kämpfenden Giganten« des Bildhauers Ignaz Platzer bewacht – und von den Posten der Burgsoldaten. Ihre Uniformen hat der berühmte Schneider Theodor Pištěk 1990 entworfen, der für seine Ausstattung im Miloš-Forman-Film »Amadeus« einen Oscar bekam. Die *Wachablösung* um 12 Uhr mittags erfolgt mit einer Hymne, die der Rockmusiker Michael Kocáb auf Bitten Václav Havels komponierte. Die Idee zu den 25 m hohen Fahnenstangen aus Tannenholz stammt von Plečnik. Inmitten des kargen zweiten Burghofs steht besonders auffällig der *Sandstein-Barockbrunnen* (1686) von Francesco Torre mit Plastiken von Hieronymus Kohl und einem schmiedeeisernen Renaissancegitter. In der 1855 neobarock umgestalteten *Hl.-Kreuz-Kapelle* von Anselmo Lurago (um 1755) war ab 1961 zeitweise der Schatz des Veitsdoms ausgestellt. Er gilt als künstlerisch wertvollster Domschatz Mitteleuropas, und vor allem Karl IV. hat einige Kuriosa beigetragen (z. B. angebliche Splitter vom Kreuz Jesu). In den ehemaligen königlichen Ställen ist die *Burggalerie* untergebracht. Gezeigt werden Gemälde aus dem 16. bis 18. Jh. Zu den wertvollsten gehört »Die Versammlung der Götter« von Peter Paul Rubens. Im dritten Burghof streckt sich ein 16 m hoher *Monolith* aus Mrákotín-Granit in die Höhe. Das 1928 aufgestellte Mahnmal für die Opfer des Ersten Weltkriegs war von Plečnik entworfen worden. Die benachbarte *Georgs-Statue* (1373) stammt von den Brüdern Georg und Martin von Kluž. *Burgareal 1. April bis 31. Okt. tgl. 5–24 Uhr, Gebäude 9–17 Uhr, 1. Nov. bis 31. März tgl. 6–23 Uhr, Gebäude 9–16 Uhr. Die Gärten sind im Winter geschlossen.*

St.-Veits-Dom

In der Metropolitankirche des Prager Erzbistums herrscht manchmal mehr Betrieb als in einer Bahnhofshalle. Aber die 124 m lange, 60 m breite und 34 m hohe Kathedrale behält trotz aller Unübersichtlichkeit ihre Würde. Obwohl der Grundstein bereits 1344 gelegt wurde, war der Dom erst 1929 fertig.

Das Mittelschiff des St.-Veits-Doms

Noch als Thronfolger machte Karl IV. den Franzosen Matthias von Arras zum Baumeister. Nach dessen Tod (1352) berief er, inzwischen Kaiser, den damals 23-jährigen Peter Parler aus Schwäbisch-Gmünd zum Architekten. Dieser gestaltete in den folgenden 46 Jahren das südliche Querschiff und den Chor. Ein Beispiel seiner Baukunst ist der (leider nicht zugängliche) Umgang *(Triforium)* mit 21 Büsten bekannter Persönlichkeiten (1371–75). Nach Parlers Tod (1399) verschleppten die Hussitenkriege die Bauarbeiten, und erst 1892 wurden die beiden 82 m hohen *Westtürme* beendet. Der knapp 100 m hohe *Hauptturm* wurde gotisch begonnen, im Renaissancestil weitergebaut und barock beendet. Die stilwidrige Kupferspitze sollte vorläufig sein, doch das Provisorium hält bis heute. Im Dom sah Parlers Plan kein Buntglasfenster vor, doch passt die mächtige *Rosette* (»Die Erschaffung der Welt«) mit einer Fläche von 100 qm kongenial zu seiner Arbeit. František Kysela setzte sie 1921 aus mindestens 27 000 Gläsern zusammen. Bemerkenswert ist auch das Fenster »Kyrill und Method« in der dritten Kapelle – die Auftragsarbeit einer Bank wurde vom Jugendstilkünstler Alfons Mucha angefertigt. 1929 wurden die Arbeiten am Veits-Dom nach den alten Plänen von Peter Parler für beendet erklärt.

Vladislav-Saal

Mit 62 m Länge, 16 m Breite und 13 m Höhe nimmt der Vladislav-Saal (auch »Huldigungs-Saal« genannt) den 2. Stock des früheren Königspalasts komplett ein. Benedikt Ried aus Piesting hatte den Saal mit romanischen Elementen entworfen (1493–1502). Unter dem spätgotischen Gewölbe wurden früher die böhmischen Könige gewählt, und jeder Staatspräsident seit 1918 ließ sich hier vereidigen. So demokratisch ging es nicht immer zu: Im Mittelalter fanden im Vladislav-Saal Bankette und Turniere statt. Die Ritter kamen dann mit ihren Pferden die Reitertreppe mit den auffallend breiten und flachen Stufen herunter, die heute im Nordflügel den Ausgang bildet.

Böhmische Kanzlei

Die intarsiengeschmückte Kanzlei im Ludwigspalast neben dem Vladislav-Saal war am 23. Mai 1618 Schauplatz eines hitzigen Wortgefechts zwischen dem Grafen Thun als Anführer protestantischer Stände und drei Gesandten des Kaisers. Diese stürzte man kurzerhand aus dem Fenster in die Tiefe, doch die

Troika hatte Glück: Die Grafen Jaroslav von Martinitz und Wilhelm Slavata landeten mit ihrem Schreiber Fabricius auf einem Misthaufen. Zwei *Obelisken* erinnern heute daran. Mit diesem »Zweiten Prager Fenstersturz« begann der Dreißigjährige Krieg. Übrigens wäre der Anschlag beinahe missglückt: Die drei Gesandten hielten sich nämlich am Fenstersims fest und wären zurückgeklettert, hätte man ihnen nicht auf die Finger geschlagen.

St.-Georgs-Basilika

Die rötliche Fassade der Basilika ist wenig einladend, aber im Innern entschädigen die spätbarocke *Doppeltreppe* und der romanische *Chorraum* für den Besuch. Der um 1150 nach einem Brand erneuerte Bau gilt als schönste romanische Kirche der Hauptstadt. Sie war 925 als Grabkirche der Großmutter des hl. Wenzel, der hl. Ludmila, geweiht worden. Ihre letzte Ruhestätte befindet sich in der *Kapelle* südlich des Chors. Vor der Krypta liegen die Gräber der Přemyslidenherrscher Vratislav (gestorben 921) und Boleslav II. (gestorben 999). Das Renaissance-Säulenportal stammt von dem deutschen Baumeister Benedikt Ried (16. Jh.). Auf der Empore der Basilika sind Reste der um 1200 entstandenen *Deckenmalerei* »Himmlisches Jerusalem« zu sehen. Das benachbarte Benediktinerkloster war 973 gegründet worden und beherbergt heute die Dauerausstellung »Alte Kunst Böhmens«.

Goldmachergässchen

Kaum vorzustellen, aber wahr: Das Touristenamt hat in der schmalen Furt an manchen Tagen mehr Besucher gezählt als auf der Karlsbrücke. Es ist also zu empfehlen, das Gässchen in der Hochsaison eher morgens oder abends zu besuchen. Das einzige Gold, das hier je hergestellt wurde, waren übrigens die Erzählungen von Franz Kafka. Der chronisch lungenkranke Autor

Noch geht es vergleichsweise ruhig zu im engen Goldmachergässchen

lebte 1916 einige Zeit in der vielbesuchten Nr. 22.

Daliborka-Turm
Der Turm war Teil einer spätgotischen Befestigung aus dem 15. Jh. und diente bis ins 18. Jh. als Gefängnis. Er trägt den Namen des ersten Häftlings, des Ritters *Dalibor von Kozojedy*. Der Anführer eines Bauernaufstandes soll hier bis zu seiner Hinrichtung 1498 hinreißend Geige gespielt haben. Smetana nutzte vier Jahrhunderte später die Legende für seine Oper »Dalibor«. Das Werk wurde 1868 bei der Grundsteinlegung des Nationaltheaters gespielt.

STADTVIERTEL

Altstadt
(Staré Město) (112–113/B–D 1–4)
★ Das Gassengewirr am Moldaubogen war immer schon das vitalste Viertel von Prag. Bereits im 10. Jh. ließen sich hier Handwerker, Kaufleute und Kolonialwarenhändler nieder, und 1230 erhielt das Gebiet von König Wenzel I. das Stadtrecht. Im Viertel um den »Großen Platz« (heute der Altstädter Ring) wurde damals überwiegend im romanischen Stil gebaut, bevor unter der Regentschaft von Karl IV. zahlreiche gotische Bauten hinzugefügt wurden. Nach der Erfahrung zahlreicher Überschwemmungen stockten viele Prager ihre gotischen Altstadthäuser in barockem Stil auf. Dies ist besonders entlang der *Celetná* und der *Husová* zu sehen. Dort haben sich gemütliche Weinstuben und Restaurants in jenen Kellern etabliert, die einst als Erdgeschoss konzipiert waren.

Eine scharfe Zäsur erlebte die Altstadt mit einem Großbrand (1689) und der Sanierung des Judenviertels (ab 1897). Das stark ruinierte Josefov wurde weitgehend abgerissen, es entstand ein modernes Wohnviertel. Die dortige *Pařížská* (Pariser Straße) hat sich mittlerweile von einer zweckmäßigen Achse zwischen Altstädter Ring und Moldau zur Flaniermeile entwickelt, wenn ihr auch das Flair großer Boulevards noch fehlt. *Metro: Staroměstská (A)*

Josefstadt (Josefov) (112/C 1)
Die ersten Hinweise auf jüdische Siedlungen in Prag stammen aus dem 10. Jh. Wahrscheinlich wohnten die meist als Geschäftsleute tätigen Juden zunächst auf der Kleinseite und mussten im 13. Jh. auf Grund eines Erlasses in das Viertel um die spätere *Altneusynagoge* ziehen. Mit dem Bau von eigenen Schulen, Synagogen und Wohnhäusern wuchs die Siedlung schnell. Ihre Bewohner waren aber wiederholt Opfer von Pogromen. Beim schlimmsten Übergriff an Ostern 1389 starben mehr als 3000 Juden. Ihrer wird jedes Jahr am höchsten jüdischen Feiertag Jom Kippur (Versöhnung) in der Altneusynagoge gedacht. Erst unter Kaiser Rudolf II. (1576–1612) prosperierte das Viertel, denn das tolerante Oberhaupt pflegte häufige Kontakte mit Mitgliedern der jüdischen Gemeinde. Mordechaj Maisel wurde gar Finanzminister unter Rudolf II. Der Kaiser handelte aber nicht ohne Hintergedanken: Der jüdische Bankier lieh dem kunstverrückten Herrscher aus seinem Privatvermögen nennenswerte Summen für

die kaiserlichen Sammlungen. Aber erst 1848 erhielten die Juden Bürgerrechte und durften außerhalb der Josefstadt wohnen. Gewissermaßen war das das Todesurteil für das Viertel: Nachdem der überwiegende Teil der wohlhabenden Familien weggezogen war, verfiel das Ghetto zusehends. Ende des 19. Jhs. entschied sich die Verwaltung zu einer radikalen »Sanierung« der Judenstadt und für den Bau einer modernen Stadt à la Paris. Die alten Häuser wurden abgerissen und durch neue ersetzt. Außer wenigen Denkmälern blieben nur der *Alte Friedhof*, das *Rathaus* und sechs *Synagogen* erhalten. Im Zweiten Weltkrieg wurde das soziale Gefüge der Gemeinde dann von den deutschen Besatzern völlig zerstört und die meisten Bewohner ermordet. Einzig die Bauwerke blieben verschont, da die Nationalsozialisten in Prag ein »Museum der ausgestorbenen Rasse« errichten wollten. *Metro: Staroměstská (A)*

Kleinseite (Malá strana) (105/D–F 5–6)

★ Der zweifellos entzückendste Teil Prags hieß im 13. Jh. zunächst »Neustadt unter der Burg«, dann »Kleinere Prager Stadt«, woraus später »Kleinseite« wurde. 27 Jahre nach der Altstadt wurde das fast 7 ha große Tal zwischen der Moldau und ihren Hügeln *Hradschin* und *Petřín* (Laurenziberg) zur Stadt, als König Přemysl Otakar II. ihr als zweitem Prager Viertel 1257 das Recht dazu erteilte. Im 16. Jh. motivierte die Nähe zum Machtzentrum – der Burg – den Adel zu einem Bauboom. Durch steten Handel mit dem königlichen Hof mehrten die Bürger ihr Vermögen, und es entstanden wuchtige Palais im Renaissance- und Barockstil. Meilensteine des Aufschwungs sind die *St.-Niklas-Kirche* und die *Häuser* der Dynastien *Waldstein, Nostitz* und *Thun-Hohenstein.* Nach der Gründung der Tschechoslowakei 1918 übernahmen ausländische Vertretun-

St.-Niklas auf der Kleinseite, umgeben von wuchtigen Palais

gen einen Großteil der verwaisten Adelsresidenzen. Hinter einigen klassizistischen Fassaden und in zahlreichen Kellergewölben sind seit 1989 jene Weinstuben, Bierkneipen und Restaurants entstanden, für die die Kleinseite heute bekannt ist. Wer es ruhiger liebt, findet in den *Gärten* entlang der Letenská-Straße Entspannung. Bei den Pragern äußerst beliebt ist auch die Halbinsel *Kampa* mit ihren romantischen Wiesen am Teufelsbach (Čertovka). *Metro: Malostranská (A)*

Neustadt (Nové Město) **(106–107/B–D 5–6, 110/B–D 1–2)**
Karl IV. hatte immer Großes vor: Der Kaiser wollte Prag zur modernsten Metropole Europas und neuen Kapitale des Heiligen Römischen Reichs machen. 1348 ließ er deshalb ein etwa 2 qkm großes Areal von einer Mauer umfassen und gründete mit dieser halbkreisförmigen Umschließung des alten Kerns die Neustadt. Der weitsichtige Urbanist verdreifachte damit auf einen Schlag das Prager Gebiet. Karl IV. kümmerte sich aber auch um die Details – er legte die Höhe der Häuser fest und gab den Verlauf der Wege vor. »Damit mindestens zwei Gespanne nebeneinander passen«, wurden Straßen mit einer Breite von bis zu 25 m gebaut, und gotische Kirchen und Klöster entstanden. In Kürze schuf man auch drei mächtige Plätze, den Viehmarkt *(Karlovo náměstí)*, den Rossmarkt *(Wenzelsplatz)* und den Heumarkt *(Senovážné náměstí)*. Um seine »neue Stadt« zu bevölkern, förderte der Kaiser den Zuzug mit einer ehrgeizigen Aufbauhilfe: Wer innerhalb von 18 Monaten nach der Zuweisung eines Grundstücks ein Haus baut, muss zwölf Jahre keine Steuern zahlen. So wurde Prag mit damals 60 000 Einwohnern eine der größten Städte Mitteleuropas. Doch eine vollendete Erfolgsgeschichte war die Gründung der Neustadt nicht: So schnell, wie sie gewachsen war, verließ auch der Wohlstand das Viertel wieder. Mitte des 19. Jhs. entschied sich die Stadtverwaltung zu ausgedehnten Umbauten, die mehrere Jahrzehnte in Anspruch nahmen. Heute sind die meisten Begrenzungen der ursprünglichen Neustadt ebenso verschwunden wie der Graben, der einst den Rossmarkt von der Altstadt trennte. Geblieben sind die Renommierbauten, etwa das *Nationaltheater* (1868–81), *das Nationalmuseum* (1885–90) und das *Neustädter Rathaus* (um 1350). *Metro: Muzeum (A, C)*

SYNAGOGEN

Nach Pogromen und dem Wegzug zahlreicher Mitglieder versucht die Jüdische Gemeinde seit der politischen Wende von 1989 einen Neubeginn. Die Anfänge waren vielversprechend, aber erst das nächste Jahrzehnt wird zeigen, ob das Judentum in Prag eine lebendige Zukunft hat. Die steinernen Zeugen der Vergangenheit beweisen die große Kultur der Gemeinde und zeigen den Verlust, den die Stadt erlitten hat. *Metro: Staroměstská (A)*

Altneusynagoge (Staronová synagóga) **(112/C 1)**
Die Altneusynagoge wurde um 1275 errichtet und ist die älteste

gotische Synagoge Europas. In der zweischiffigen Halle beeindruckt vor allem die präzise *Steinmetzarbeit,* zum Beispiel am *Eingangsportal* mit seinen feinen Ornamenten. Der Legende nach haben Engel nach der Zerstörung Jerusalems Teile von Salomons Tempel hierher getragen. Auch der tönerne Golem des Rabbi Löw war hier zu Haus: Seine lehmigen Reste werden der Sage nach auf dem Dachboden aufbewahrt. Die mächtige *Fahne* im Gewölbe schenkte Kaiser Ferdinand II. den Juden für ihren tapferen Kampf gegen die Schweden 1648. *Červená 2*

Hohe Synagoge (Vysoká synagóga) (112/C 1)
Der ursprüngliche Renaissancebau beherbergt im ersten Stock eine Sammlung von Toravorhängen. *Červená 5*

Klaus-Synagoge (Klausová synagóga) (112/C 1)
In dem Barockbau aus dem 17. Jh. befindet sich eine Dauerausstellung über das Judentum mit seltenen hebräischen Drucken. *U starého hřbitová 1*

Maisel-Synagoge (Maislova synagóga) (112/C 2)
Die einst größte Prager Synagoge ließ Mordechaj Maisel Ende des 16. Jhs. bauen. Nach einem Brand wurde sie verkleinert und zu Beginn des 19. Jh. neugotisch umgebaut. In ihr ist der Silberschatz aus vielen böhmischen Synagogen untergebracht. *Maislova 10*

Pinkas-Synagoge (Pinkasova synagóga) (112/C 1)
Die künstlerisch wertvollste Synagoge Prags war Ende des 15. Jhs. vom Rabbi Pinkas gegründet worden. Der spätgotische Bau wurde im 17. Jh. um den Vorraum und die Frauengalerie erweitert. An den Wänden der Synagoge stehen die Namen der zwischen 1939 und 1945 ermordeten 77 297 Juden aus Böhmen und Mähren – ein erschütterndes Dokument. *Široká 3*

Spanische Synagoge (Španělská synagóga) (112/C 1)
Der reich geschmückte Bau wurde Ende des 19. Jhs. im maurischen Stil entworfen. Er erinnert an die Juden, die vor der Inquisition aus Spanien fliehen mussten. *Vězeňská 1*

THEATERGEBÄUDE

Laterna magica (112/B 4)
Jahrzehntelang war in Prag gestritten worden, wie die Baulücke neben dem grandiosen Nationaltheater gefüllt werden soll. Erst 1977 begann man mit dem Bau der Glasfassade, einem kühnen Entwurf von Karel Prager. Innen ist das Gebäude mit grünen Marmorplatten aus Kuba verziert. Der schlichte Zuschauersaal wendet sich wie ein Amphitheater der Bühne zu. Nach der Beendigung des Baus 1983 wirkte hier zunächst die *Nová scená* (Neue Bühne). Später zog die Laterna magica aus dem Palais Adria hierher. In ihren Vorstellungen ergänzt sie die Pantomime-Effekte des klassischen Schwarzlichttheaters mit moderner Videotechnik. Da die Stücke sehr beliebt sind, ist das Haus oft ausverkauft. Interessenten sollten also früh eine Karte kaufen. *Nová scená, Národní třída 4, Tel. 24 91 41 29, Metro: Národní třída (B)*

Nationaltheater (Národní divadlo) (112/B 4)
Das Neorenaissancegebäude wurde ab 1868 an der Stelle des Prager Salzlagers errichtet. Landesweit sammelten Sendboten damals Geld von der Bevölkerung, um den Bau nach Entwürfen von Josef Zítek zu vollenden. Doch kurz nach der Eröffnung (mit Smetanas »Libuše«) legte ein Feuer das Theater am 12. August 1881 in Schutt und Asche. Der Wiederaufbau wurde zur nationalen Pflicht erklärt, und die Tschechen brauchten nur sechs Wochen für das Unglaubliche: Freizügig spendeten die Menschen genug Geld für einen Neubau. Am 18. November 1883 wurde das Theater nach einem Projekt von Josef Schulz um so feierlicher eingeweiht. An der Ausstattung beteiligten sich die besten Künstler – der geniale *Festvorhang* über der Bühne stammt von Václav Hynais. *Národní třída 2, Tel. 24 91 26 73, Metro: Národní třída (B)*

Staatsoper (Státní opera) (113/F 4)
Durch die Stadtautobahn vom Zentrum abgeschnitten, steht die Staatsoper neoklassizistisch zwischen Jugendstil-Hauptbahnhof und dem funktionalistischen Parlamentsgebäude aus den 70er-Jahren. Bis 1885 stand hier das hölzerne »Neustädter Theater«, dann wurde drei Jahre später (mit der urdeutschen Wagner-Oper »Die Meistersinger von Nürnberg«) das »Deutsche Theater« eröffnet. Den Entwurf hatten die Wiener Architekten Fellner und Helmer geliefert. Später änderte die Bühne ihren Namen in »Neues Deutsches Theater« und »Smetana-Theater«. Seit 1992 heißt der reichverzierte Bau, in dem Wagners »Ring des Nibelungen« erstmals vollständig aufgeführt wurde, klangvoll »Staatsoper«. Vom deutschen Hintergrund des Hauses zeugt auch die *Fassade:* Neben dem Dionysos-Wagen und der Muse Thalia befinden sich die Porträts der Geistesgrößen Goethe und Schiller, daneben Mozart. *Wilsonova 4, Tel. 26 53 53 und 24 22 98 98, Metro: Muzeum (A, C)*

Ständetheater (Stavovské divadlo) (113/D 3)
Das klassizistische Gebäude war eine Auftragsarbeit von Graf Franz Anton Nostitz-Rieneck und wurde zwischen 1781 und 1783 nach Entwürfen von Anton Haffenecker gebaut. Als »Nostitz-Theater« wurde es mit Lessings »Emilia Galotti« eröffnet. Die erste Vorstellung in tschechischer Sprache fand 1785 statt, bevor Mozart hier seinen »Don Giovanni« am 29. Oktober 1787 dirigierte. Der Meister hatte sich im Vorjahr mit »Figaros Hochzeit« in die Herzen der Prager gespielt. Da trug das Haus bereits seinen jetzigen Namen: Die böhmischen Stände hatten 1799 die Leitung übernommen. Später wirkte hier Carl Maria von Weber als Direktor, Clara Schumann und Richard Wagner gaben Gastkonzerte. Zwischen 1945 und 1991 hieß das Haus »Tyl-Theater« nach dem Komponisten der Nationalhymne, Josef Kajetán Tyl (1808–56). Sein Lied »Kde domov můj?« (Wo ist meine Heimat?) war hier zum ersten Mal gespielt worden. *Ovocný trh 6, Tel. 24 21 43 39, Metro: Můstek (A, B)*

Zwei Stunden im Museum

Prag ist ein einziges Museum, behaupten viele. Wem das nicht reicht: Zahlreiche Ausstellungen bieten zusätzliche Sensationen unter Glas

Als die Sammlung der Modernen Kunst 1995 im renovierten Messepalast eröffnet wurde, rissen die Diskussionen in den Feuilletons der Zeitungen wochenlang nicht ab. Passen Kubisten und Impressionisten in einen funktionalistischen Bau? Viele werteten das Nebeneinander von französischen Klassikern und fortschrittlicher Architektur als Provokation. Jedenfalls sollte sich kein Pragbesucher diese spannende Begegnung entgehen lassen. Eine bemerkenswerte Linie hält seit einigen Jahren auch die Ausstellungsleitung des Rudolfinums. Ein Blick in das aktuelle Programm lohnt sich.

Prag hatte viel nachzuholen in der letzten Dekade, vor allem in der heimischen Kunstszene. Wie reich das Repertoire in den vergangenen Jahrhunderten war, verdeutlichen Besuche in der *Nationalgalerie* und der *Alten Kunst Böhmens.* Das *Smetana-* und das *Dvořák-Museum* zeugen vom hohen Niveau der Region ebenso wie das *Schriftarchiv.* Die Ausstellung von *Glaskunst* zeigt ein Gewerbe, das schon sehr lange in Böhmen siedelt und heute als traditionelles Handwerk eine Säule der Exportwirtschaft darstellt.

Während die Öffnungszeiten der Museen mit dem Montag als Ruhetag internationalen Gepflogenheiten entsprechen, liegen die Eintrittspreise bei fast allen Häusern deutlich niedriger – nicht als Liebesdienst für Touristen, sondern als Zeichen für das landesweite Interesse der Tschechen an Ausstellungen. Für ausländische Besucher hat dies jedoch einen gewichtigen Nachteil, denn viele Museen bieten die Beitexte zu Kunstwerken nur in Tschechisch an. Umso lohnender ist die Begleitung eines Fremdenführers von PIS *(Prager Informations-Dienst, Na příkopě 20 und Staroměstské náměstí 24, Tel. 54 44 44)* oder anderen Organisationen.

Die ehemalige Villa Bertramka beherbergt das Mozart-Museum

Agneskloster (Anežský klášter) **(106/B 4)**
Das frühgotische Doppelkloster der Klarissinnen beherbergt seit

1985 tschechische Malerei des 19. Jhs. Von den fünfhundert Exponaten sind die Bilder von Mikoláš Aleš, Luděk Marold, Josef Mánes und Jakub Schikaneder besonders bemerkenswert: Mit schlichten Mitteln präsentieren sie Momentaufnahmen des böhmischen Alltagslebens. Viele der ausgestellten Künstler haben ihr Atelier nur selten gesehen – als Auftragsarbeit bemalten sie zahlreiche Gebäude der Hauptstadt, z. B. das Nationaltheater. Das im Volksmund »Böhmisches Assisi« genannte Kloster war 1233 von König Wenzel I. gegründet worden. Erste Äbtissin war seine Schwester, die böhmische Prinzessin Agnes. *Di–So 10–18 Uhr, Anežká ulice 12, Tel. 21 87 91 11, Metro: Staroměstská (A)*

Alte Kunst Böhmens (Staré české umění) (105/E 5)
Das ehemalige Benediktinerinnenkloster St. Georg beheimatet seit den 1970er-Jahren alte tschechische Kunst – viel Gotik und etwas Barock. Empfehlenswert sind hier vor allem die bibelfesten Werke von »Meister Theoderich«, dem bedeutendsten gotischen Maler Böhmens, sowie die Skulpturen von Ferdinand M. Brokoff, Hans von Aachen und Adrian de Vries. *Di bis So 10–18 Uhr, Jirský klášter, Tel. 57 32 05 36, Metro: Malostranská (A)*

Apothekermuseum (Expozice historických lékáren) (105/E 5)
Ehemalige Apotheke mit hübscher Dokumentation über den uralten Kampf gegen den Verfallsprozess des menschlichen Körpers. Ausgestellt sind unter anderem historische Behälter und Instrumente zur Arzneiherstellung. *Di–So 12–18 Uhr, Nerudova 32, Tel. 57 31 09 61, Straßenbahnhaltestelle Malostranské náměstí ab Metrostation Malostranská (A)*

Bertramka (Mozart-Museum) (109/D 3)
★ Im Schatten des Mövenpickhotels steht die ehemalige Villa

MARCO POLO TIPPS FÜR MUSEEN

1 **Sammlung der Modernen Kunst**
Atemberaubende Bandbreite (Seite 41)

2 **Nationalmuseum**
Tiefgang in die Geschichte (Seite 41)

3 **Nationalgalerie**
Europäische Gemälde und orthodoxe Ikonen (Seite 41)

4 **Jüdisches Museum**
Dokumentation eines reichen Kulturlebens (Seite 38)

5 **Spielzeugmuseum**
Plüsch und Blech und vieles mehr (Seite 42)

6 **Bertramka**
Wo Mozart am liebsten Urlaub machte (Seite 36)

7 **Literaturmuseum**
Es kafkat, kischt und brodelt in den Regalen (Seite 39)

8 **Technisches Museum**
Alles von der Dampfmaschine bis zum Formel-1-Wagen (Seite 42)

der Opernsängerin Josefina Dušková, in der Mozart zwischen 1787 und 1791 häufig zu Gast war und die Ouvertüre zu »Don Giovanni« schrieb. Zu sehen sind Mozarts Schlaf- und Arbeitszimmer, Originalpartituren und Briefe. Höhepunkte sind ein *Hammerklavier* des Meisters sowie 13 Haare von Mozarts genialem Kopf. Die Schaubilder zu Leben und Werk des Komponisten sind laut Gästebuch besser als Ausstellungen in anderen Mozart-Kultstätten. In der Villa werden auch klassische Konzerte veranstaltet. Der 1956 nach einem Brand rekonstruierte Bau ist heute eine gemütliche Stadtoase. Die *Mozartbüste* im Garten stammt vom tschechischen Bildhauer Tomáš Seidan (1876). Die im Garten verbreitete Nieswurz (tschechisch *Bertram*) gab der Villa ihren Namen – behaupten zumindest romantische Gemüter; prosaischere Quellen sprechen von einem Vorbesitzer namens Bertram. *Tgl. 9.30–18 Uhr, Mozartova 169, Tel. 54 00 12, Metro: Anděl (B)*

Biermuseum (Pivovarské Muzeum) (112/C 5)

In der ehemaligen Mälzerei des berühmten Lokals »U Fleků« wird die Geschichte des Bierherstellens anschaulich dargestellt. Fachkundige Führer erläutern auch die Funktionen der ausgestellten Gegenstände. *Tgl. 10–17 Uhr, Křemencova 11, Tel. 24 91 51 18, Straßenbahnhaltestelle Lazárska ab Metrostation Můstek (A, B)*

Bílek-Museum (Muzeum Františka Bilka) (105/F 4)

Phantastisches Heim des Malers und Bildhauers František Bílek (1872–1941). Die von ihm entworfene Villa imitiert ein Weizenfeld: Die Betonsäulen stehen für halbhoch gewachsene Halme und kontrastieren mit den Backsteinen, die die rote Erde darstellen sollen, und mit den Baumstämmen im Garten.

Seit 1966 wird in dem Haus mit der ersten Flachdachkonstruktion Prags das expressionistische Werk des Künstlers gezeigt. *Di–So 10–17 Uhr, Mickiewiczova 1, Tel. 24 32 20 21, Metro: Hradčanská (A)*

Comenius-Museum (Pedagogické muzeum J. A. Komenského) (105/E 5)

Das »Haus zur goldenen Sonne« (U zlatého slunce) ist dem Leben und Werk von Johann Amos Comenius (1592–1670) gewidmet. Der Pädagoge wirkte als letzter Bischof der Böhmisch-Mährischen Brüder. Seine Lehre ist längst international anerkannt. *Di–So 10–17 Uhr, Valdštejnská 20, Tel. 57 32 00 39, Metro: Malostranská (A)*

Dvořák-Museum (Muzeum Antonína Dvořáka) (110/C 3)

Auch architektonisch ist das Museum des Nationalkomponisten Antonín Dvořák (1841–1904) einen Besuch wert: Das barocke Lustschloss wurde 1712 von Kilian Ignaz Dientzenhofer für Graf Michna entworfen. Den Namen *Amerika* trägt die Villa in Erinnerung an den mehrjährigen Aufenthalt von Dvořák in New York, wo er zwischen 1892 und 1895 künstlerischer Leiter des Konservatoriums war und seine 9. Symphonie »Aus der Neuen Welt« komponierte. Das Museum zeigt das rekonstruierte Arbeitszimmer Dvořáks sowie Partituren und andere Dokumente. *Di–So 10–17 Uhr, Ke Karlovu 20, Tel. 29 82 14, Metro: Karlovo náměstí (B)*

Glasmuseum (Muzeum českého skla) (112/C 2)
Wie erlangte das böhmische Glas Weltruhm, und wie werden überhaupt die Vasen gemacht, in die sogar der Papst seine Blumen stellt? Antwort auf diese und andere Fragen gibt das am Altstädter Ring stehende Museum, das mit einer eigenen *Glashütte* zur Demonstration ausgestattet ist. *Tgl. 10–21 Uhr, Staroměstské náměstí 27, Tel. 24 22 97 55, Metro: Staroměstská (A)*

Haus zur Schwarzen Madonna (U černé matky Boží) (113/D 2)
Das erste kubistische Wohnhaus Europas, 1911 von Josef Gočár entworfen, beherbergt eine ständige Exposition des tschechischen Kubismus. Zu sehen sind Möbel, Gemälde und Architekturentwürfe aus den Jahren 1911 bis 1919. Die barocke *Muttergottesfigur* in einer Ecke der Fassade gab dem Haus seinen Namen. *Di–So 10–18 Uhr, Celetná 34, Tel. 24 21 17 32, Metro: Náměstí Republiky (B)*

Historische Ausstellung des Nationalmuseums (Historická expozice Národního muzea) (105/E 5)
Die umfassendste Ausstellung über die Zeitläufte tschechischer Geschichte: auf Schautafeln werden Zusammenhänge erklärt und Hintergründe erläutert. Daneben präsentieren gelegentlich junge Künstler ihre Werke – ein erfrischender Kontrast. *Di–So 9–17 Uhr, Jiřská 3, Tel. 53 73 06, Metro: Malostranská (A)*

Ježek-Museum (Památník Jaroslava Ježka) (112/C 2)
Die ehemalige Wohnung des Komponisten Jaroslav Ježek (1906–42) ist Prags einziges *Jazzmuseum* und gleichzeitig das kleinste Museum der Hauptstadt. Auf 15 qm erinnern Konzertflügel, Schreibtisch und allerlei Gebrauchsgegenstände an den in Tschechien hoch verehrten Musiker. Den Schlüssel zum »Blauen Zimmer« hält eine benachbarte Musikstudentin bereit. Dieser Beiname des Museums hat nichts mit Blues oder Jazz zu tun, wie man vermuten könnte: Ježeks Augen waren so schlecht, dass ihm die blaue Farbe das Sehen erleichterte. *Nur Di 13–18 Uhr, Kaprova 10, Tel. 57 32 00 59, Metro: Staroměstská (A)*

Jüdisches Museum (Židovské muzeum) (112/C 2)
★ ✝ Das 1906 gegründete Museum war 1950 unter staatliche Verwaltung gestellt worden und wurde erst 1994 im Zuge der Restitution der jüdischen Gemeinde Prags zurückgegeben. Es dokumentiert die lange Tradition der Juden in Tschechien und wird von den Synagogen, dem Rathaus und dem Alten jüdischen Friedhof eindrucksvoll ergänzt. *So–Fr 9.30–18 Uhr, Jáchymova 3, Tel. 24 81 00 99, Metro: Staroměstská (A)*

Kafka-Museum (Muzeum Franze Kafky) (112/C 2)
✝ Im Geburtshaus des Schriftstellers (1883–1924) rekonstruiert seit 1991 eine karge Ausstel-

Ort der Muße und des Studiums: Bibliothek im Strahov-Kloster

lung das Leben und Werk von Kafka. Die meisten Manuskripte liegen im Tschechischen Literaturmuseum sowie im Archiv der deutschen Stadt Marbach. *Di–Sa 10–18 Uhr, U radnice 5, Tel. 24 22 74 54, Metro: Staroměstská (A)*

Kunstgewerbemuseum (Uměleckoprůmyslové muzeum) (112/B 2)
Die größte Glassammlung der Welt: insgesamt mehr als 16 000 Exponate aus Glas, Porzellan und Keramik, außerdem eine Abteilung mit Uhren und Meßgeräten sowie mit kubistischen Möbeln. An der Fassade symbolisieren Reliefs verschiedene Handwerke. Für das Gebäude musste Ende des 19. Jhs. ein Teil des benachbarten jüdischen Friedhofs weichen. *Di–So 10–18 Uhr, Ulice 17. listopadu 2, Tel. 24 81 12 41, Metro: Staroměstská (A)*

Lapidarium (106/C 2)
Sozusagen das Museum des Nationalmuseums: In dem 1891 errichteten Gebäude sind architektonische Details von nicht vollendeten oder zerstörten Objekten zu sehen sowie Kunstwerke, die von Witterungseinflüssen bedroht sind (z. B. die *Originalfiguren* der Karlsbrücke). *Fr–So 10–18 Uhr, Výstaviště 422, Tel. 37 31 98, Straßenbahnhaltestelle Výstaviště ab Metrostation Nádraží Holešovice (C)*

Literaturmuseum (Strahovský klášter) (105/D 5)
★ 🯅 Was schrieb Kafka einen Tag vor seinem Tod an seine Eltern? Im »Museum des nationalen Schriftguts« ruht dieser Brief von 1924 nebst tausenden anderen Dokumenten – der Nachlass berühmter tschechischer Schriftsteller wie Franz Kafka oder Egon Erwin Kisch dient in erster Linie literarischen Studien. Das Museum ist nur ein kleiner Teil des gewaltigen Prämonstratenserklosters. Der bedeutendste Raum ist sicher die *Bibliothek* mit ihren foliantengefüllten Barock-Bücherschränken, antiken Globen und atemberaubenden Deckenfresken. Trotz zahlreicher Kriegsschäden hat das mehrfach umgebaute Kloster nichts von seinem herben

Charme verloren. Fürst Vladislav II. hatte es 1140 gegründet. Unweit des Areals bieten sich wunderschöne Blicke über Prag. *Di–So 9–17 Uhr, Strahovské nádvoří 132, Tel. 20 51 72 82, Straßenbahnhaltestelle Hrad ab Metrostation Malostranská (A)*

Marionettenmuseum (Muzeum Loutkářských Kultur) (112/B 3)
Auf 300 qm ist die Entwicklung des Marionettenspiels der vergangenen drei Jahrhunderte dargestellt. Schwerpunkt ist die Tschechoslowakei. Viele wertvolle Originale können hier bewundert werden. *Tgl. 10–19 Uhr, Karlova 12, Tel. 24 22 16 04, Metro: Staroměstská (A)*

Mucha-Museum (113/E 3)
1998 eingerichtetes Museum für den vielseitigen Jugendstilkünstler Alfons Mucha (1860–1939). Unter den hundert Exponaten befinden sich zahlreiche grafische Arbeiten (z. B. Plakate für die französische Schauspielerin Sarah Bernhardt) sowie Gemälde mit Szenen aus der slawischen Geschichte. *Tgl. 10–18 Uhr, Panská 7, Tel. 628 41 62, Metro: Muzeum (A, C)*

Muzeum Aloise Jiráska a Mikoláše Alše (O)
Der Star unter den Prager Museen: Das sternförmige Lustschloss war 1555 von einem inspirierten Architektentrio entworfen worden. Heute ist das *Hvězda* den bildenden Künstlern Alois Jirásek und Mikulaš Aleš gewidmet. Im Erdgeschoss befinden sich italienische Renaissancestuckaturen mit Motiven aus der antiken Mythologie. Der erholsame Wildpark um das Areal entstand bereits 1530. *Di–So 14–18 Uhr, obora Hvězda, Tel. 36 79 38, Straßenbahnhaltestelle Hvězda ab Metrostation Hradčanská (A)*

Museum der tschechischen Musik (Muzeum české hudby) (105/E 5)
Das Palais des Großpriors des Malteserordens beherbergt eine der größten Instrumentensammlungen der Welt. Sehenswert ist aber auch das 1726 von Bartolomeo Scotti erbaute Herrenhaus im Hochbarockstil. Die Plastiken stammen von Matthias Braun. *Di–So 10–17 Uhr, Lázeňská 2, Tel. 24 22 90 75, Metro: Malostranská (A)*

Museum für Heeresgeschichte (Vojenské muzeum) (105/E 5)
Im Innenhof des Schwarzenberg-Palais ist schweres Geschütz aufgefahren (Kanonen aus k. u. k. Zeit), im Gebäude werden Mordwaffen vom Mittelalter bis 1918 gezeigt. Schwerpunkt der Ausstellung ist jedoch der Dreißigjährige Krieg (1618–48), der mit dem Prager Fenstersturz begonnen hatte. *Di–So 10–18 Uhr, Hradčanské náměstí 2, Tel. 20 20 20 23, Metro: Malostranská (A)*

Naprstkovo Muzeum (Völkerkundemuseum) (112/B 3)
Hier erhalten Sie einen Einblick in die asiatische, afrikanische und amerikanische Ethnografie. Ständige Expositionen sind den Kulturen Australiens und Ozeaniens sowie denen der Indianer Nord- und Südamerikas gewidmet. *Di–So 9–17.30 Uhr, Betlémské náměstí 1, Tel. 24 21 45 37, Metro: Národní třída (B)*

Nationalgalerie (Národní galerie) **(105/D 5)**
★ ☉ Das Sternberg-Palais, entstanden um 1700 nach Entwürfen von Domenico Martinelli und Giovanni Battista Alliprandi, beherbergt eine Fülle von Werken deutscher, italienischer und flämischer Künstler. Höhepunkt ist das »Rosenkranzfest«, das Albrecht Dürer 1506 in Venedig malte. Der Künstler hat sich auf dem Bild verewigt, das Kaiser Rudolf II. erwarb und zu Fuß über die Alpen nach Prag bringen ließ. Eindrucksvoll ist auch die »Madonna mit dem hl. Lukas« von Jan Gossaert, der den Evangelisten in provokant lässiger Pose darstellte. Daneben präsentiert die Galerie eine unspektakuläre, aber sorgsam ausgewählte Sammlung mit Werken von Lucas Cranach d. Ä., El Greco, Francisco Goya, Frans Hals, Rembrandt, Peter Paul Rubens und Tintoretto. Auch Liebhaber russischer Ikonen und italienischer Meister des 14. und 15. Jhs. kommen auf ihre Kosten. *Di–So 10–18 Uhr, Hradčanské náměstí 15, Tel. 24 51 45 99, Metro: Hradčanská (A)*

Nationalmuseum (Národní muzeum) **(113/E 5)**
★ ☉ Alles, was das tschechische Herz höher schlagen lässt: In den Seitenflügeln befinden sich umfangreiche archäologische und naturwissenschaftliche Sammlungen, darunter die größte *Mineraliensammlung* Europas. Ebenso bemerkenswert: die *Bibliothek* (eine Million Bände) und die *Münzsammlung*. In der Mitte des um 1890 erbauten Museums ehrt ein zweistöckiges Pantheon verdiente Tschechen mit bronzenen Statuen (darunter den Erfinder der Schiffsschraube, Josef Ressel). Vorbild für die Neorenaissancefassade war der Louvre in Paris. *Tgl. 10–18 Uhr, Mi 10–21 Uhr, Václavské náměstí 68, Tel. 24 49 71 11, Metro: Muzeum (A, C)*

Panoptikum **(112/C 4)**
1000 qm mit vornehmlich böhmischer Prominenz aus Wachs, von Karl IV. bis Regisseur Miloš Forman. Ein vergnüglicher Gang durch die Geschichte. *Tgl. 10–20 Uhr, Národní třída 25, Tel. 21 08 53 18, Metro: Národní třída (B)*

Polizeimuseum (Muzeum Policie ČR) **(110/C 3)**
☉ In einem Flügel des Karlovklosters zeigen die Ordnungshüter 08/15-Totschläger, 007-Trickwaffen sowie einen rekonstruierten Tatort, außerdem eine Wachstube aus dem Jahr 1928 und jede Menge Material aus dem aktuellen Alltag der tschechischen Polizei. *Di–So 10–17 Uhr, Ke Karlovu 1, Tel. 29 89 40, Metro: I. P. Pavlova (C)*

Postmuseum (Poštovní muzeum) **(113/E 1)**
Der »Schwarze Penny« trifft den »Blauen Merkur« – das Postmuseum bietet zackige Exponate aus aller Welt. Schmerzhaft für Sammler: Hier wird weder getauscht, noch sind die Marken käuflich. Aber immerhin begleiten weise Wärter gerne durch das Haus. *Di–So 9–17 Uhr, Nové mlýny 2, Tel. 231 20 06, Metro: Náměstí Republiky (B)*

Sammlung der modernen Kunst (Sbírka moderního umění) **(106/C 3)**
★ ☉ ☧ Wichtigstes Museum der Hauptstadt. Prunkstück ist die

Kunstsammlung des 19. und 20. Jhs. mit 130 Gemälden und 50 Skulpturen, darunter Werke von Paul Cézanne, Marc Chagall, Paul Gauguin, Vincent van Gogh und Pablo Picasso. Alles keine bahnbrechenden Arbeiten, aber insgesamt eine der umfangreichsten Kollektionen weltweit – ein beeindruckendes Spektrum! Früher war die Sammlung im Sternberg-Palais untergebracht, seit 1995 beherbergt sie der frühere Messepalast der Stadt. Der imposante Koloss war Mitte der 20er-Jahre in einem rein funktionalistischen Stil gebaut worden. Auf mehr als 80 000 qm Ausstellungsfläche sind auch tschechische Meisterwerke zu sehen, etwa die konturstarken Zeichnungen von Josef Lada, Collagen von Jiří Kolář und Gemälde von Emil Filla. *Di–So 10–18 Uhr, Dukelských hrdinů 47, Tel. 24 30 11 11, Straßenbahnhaltestelle Veletržní ab Metrostation Vltavská (C)*

Smetana-Museum (Muzeum Bedřicha Smetany) **(112/B 3)**

Geeigneter Platz für den Komponisten der berühmten »Moldau«, Bedřich Smetana (1824 bis 94): Das Museum ist direkt über dem Fluss angesiedelt und enthält Originalhandschriften und Korrespondenz des Begründers der tschechischen Nationalmusik. Daneben zeigt das mehrmals renovierte Haus das Klavier Smetanas und zahlreiche Kostüme aus seinen Opern (z. B. »Die verkaufte Braut«). Der sechsteilige sinfonische Zyklus »Mein Vaterland«, der »Die Moldau« enthält, entstand übrigens um 1874 – Smetana war da bereits fast taub. *Tgl. außer Di 10–17 Uhr, Novotného lávka, Tel. 24 22 90 75, Metro: Staroměstská (A)*

Spielzeugmuseum (Muzeum hraček) **(105/E 5)**

★ ☺ ✝ Jede Menge Plüsch und Blech zeigt die zweitgrößte Spielzeugsammlung der Welt und umspannt den Zeitraum vom antiken Griechenland bis heute. Zu sehen sind u. a. Musikboxen, Teddybären und allerlei Feuerwehrautos. *Tgl. 9.30–17 Uhr, Jiřska 6, Tel. 24 37 22 94, Metro: Malostranská (A)*

Sudek-Museum (Galerie Josefa Sudka) **(105/D 5)**

Referenz für den einarmigen Fotografen Josef Sudek (1896–1976), eins der letzten Prager Originale. Seine Panoramabilder dokumentieren die Entwicklung der Hauptstadt, seine Arrangements beeinflussten viele europäische Fotografen. *Di–So 10–18 Uhr, Úvoz 24, Tel. 53 05 55, Straßenbahnhaltestelle Malostranské náměstí ab Metrostation Malostranská (A)*

Technisches Museum (Národní technické muzeum) **(106/B 4)**

✝ Auf 6000 qm sind hier tollkühne Maschinen aus den Pionierzeiten der Dampfmaschine bis in die Neuzeit verteilt. Prunkstück ist der Dreiliter-Sportwagen Mercedes Benz W 154/163 – mit dem »Silberpfeil« gewann Rudolf Caraciola den letzten Großen Preis auf dem Nürburgring. Neben Flugzeugen und Fahrrädern bietet das 1941 eingerichtete Museum Lehrpfade über optische und akustische Wahrnehmung. Hier be-

Eine umfangreiche Sammlung ehemaliger Kinderträume aus aller Welt zeigt das Spielzeugmuseum

findet sich auch die ständige Interkamera-Weltausstellung der Unesco mit 17280 Exponaten aus 52 Ländern. Ohne Beispiel ist das fast 1 km lange Modell einer Kohlengrube unter dem Museum. *Di–So 9–17 Uhr, Kostelní 42, Tel. 20 39 91 11, Straßenbahnhaltestelle Letenské náměstí ab Metrostation Vltavská (C)*

Tyrš-Museum für Leibesübung und Sport (Tyršovo Muzeum tělesné výchovy a sportu) (111/E 1)
Die ständige Ausstellung präsentiert Reliquien der Sportgeschichte des Landes, z. B. historische Skier, Bälle, Pokale und Plakate. Daneben lassen befristete Ausstellungen mit aktuellen Themen das Sportlerherz höher schlagen. Zuletzt sorgte 1999 eine Sammlung südamerikanischer Fußballdevotionalien für einen regen Besucherandrang. *Do, Sa und So 9–17 Uhr, Újezd 450, Tel. 53 21 93, Straßenbahnhaltestelle Hellichova ab Metrostation Národní třída (B)*

Verkehrsmuseum (Muzeum Městské Hromadné Dopravy) (105/D 4)
Das Prager Verkehrsmuseum bietet seinen Besuchern eine reichhaltige Auswahl an historischen Fahrzeugen, z. B. Wagen einer Pferdebahn von 1886. Dazu kommen Kuriositäten und Kleinigkeiten aus 120-jähriger Betriebsgeschichte, wie antiquarische Fahrpläne und Fahrzeugmodelle. *Sa/So 9–17 Uhr, Patočkova 4, Tel. 96 12 49 05, Straßenbahnhaltestelle Brusnice ab Metrostation Malostranská (A)*

Wachsfigurenmuseum (Muzeum voskových figurín) (113/D 3)
Kafka, Castro, Karel Gott: Fünfzig mehr oder weniger berühmte und manchmal auch berüchtigte Persönlichkeiten der tschechischen, aber auch der internationalen Geschichte sind hier in vier Sälen ausgestellt. *Tgl. 10–20 Uhr, Ulice 28. října 13, Tel. 24 19 52 03, Metro: Můstek (A, B)*

1897
restaurant

Wohin gehen wir essen?

Kein kulinarisches Paradies, aber mehr als Knödel – in Prag ist Kreativität oft der größte Küchenmeister. Und dann gibt es ja noch Weinstuben und Kneipen

Zwar haben die Spezialitäten der Welt längst in der Goldenen Stadt Einzug gehalten, doch sehen sich viele Restaurants als ewige Bastion der böhmischen Küche: An der Moldau wird meist deftig gegessen. Die Prager sind mit Fleisch, Knödeln und Krautbeilage *(vepřoknedlozelo)* oder dem Lendenbraten *(svíčkova)* immer noch zufrieden. Man muss ein wenig suchen und ein wenig mehr bezahlen, wenn man frischen Salat oder Gemüse auf den Teller bekommen will. Als Nachtisch empfiehlt sich auf jeden Fall ein *Teig-Palatschinken* mit süßer Füllung. Wer sicher gehen will, sollte rechtzeitig reservieren und möglichst bis 20 Uhr das Menü bestellen – in Prag schließen die Küchen früh. Prager Bierexperten schwören, dass die Kneipenbesitzer im Zentrum zwar die Zapfleitungen sauber halten, dafür aber in den Spelunken der Vorstadt der Gerstensaft besser schmeckt.

Anzeihungspunkt für Gourmands und Gourmets gleichermaßen: das Letna-Schlösschen

»Die Krone macht das Bier«, sagt man hier und macht den Test: Bleibt eine 20-Heller-Münze auf dem Schaum liegen, versteht der Wirt sein Handwerk. »Wo andere Städte Grundwasser haben, hat Prag Bier«, bemerkte einmal der Schriftsteller Bohumil Hrabal. Tatsächlich dreht sich viel in der Hauptstadt um die Frage, welcher Brauerei man den Vorzug gibt. Grundsätzlich entscheidet die Stammwürze über den Geschmack: Zehngradiges Bier ähnelt dem Pils, zwölfgradiges ist herb und mancherorts stark wie Bockbier. Die Bedienungen in Prager Kneipen sind von der Qualität ihres Ausschanks übrigens so überzeugt, dass sie in den meisten Fällen die Gäste gar nicht fragen – sie stellen einfach einen neuen halben Liter hin, wenn der alte zur Neige zu gehen droht. Gibt es ein größeres Kompliment?

BISTRO

Chez Marcel **(113/D 1)**

✝ Gemütliches Bistro in der Altstadt – die französisch-tschechische Liaison funktionierte ja schon bei Surrealisten und Poeten. Besonders empfehlenswert sind die Salate und Croissants – und natürlich der Pastis. *Tgl. 8–2 Uhr, Haštalská 12, Tel. 231 56 76, Metro: Náměstí Republiky (B)*

CAFÉS

Bertramka **(109/D 3)**

Der berühmteste Gast hieß Mozart, und der war eigentlich zum Genießen hier. Aber die schöne Gastgeberin Josefina Dušková war verheiratet, und ihr Mann Xaver ein Freund Mozarts. So biss das Genie in den sauren Apfel und schrieb in der Bertramka die Ouvertüre zu »Don Giovanni«, statt sich fleischlichen Gelüsten hinzugeben. *Tgl. 10–19 Uhr, Mozartova, Metro: Anděl (B)*

Café Obecní dům **(113/E 2)**

In dem wunderschönen Café des neugotischen Repräsentationshauses – oder bei schönem Wetter draußen – sitzt der Prager Snob neben dem Pauschaltouristen und das Liebespaar neben dem Rentner. Besonders empfehlenswert ist die Kühltheke mit ihrem paradiesischen Kuchenangebot. *Tgl. 7.30–23 Uhr, náměsti Republiky 1, Metro: Náměstí Republiky (B)*

Evropa **(113/E 4)**

Märchenhaftes Jugendstilcafé im gleichnamigen Grand Hotel mit Lüstern und Klaviermusik. Manchmal träumen allerdings nicht nur die Gäste, sondern auch die schläfrigen Kellner. Die Besucherliste des Hauses reicht von Václav Havel bis zu bulgarischen Mafia-Paten, eine Terrasse ist auch vorhanden. *Tgl. 7–24 Uhr, Václavské náměstí 29, Metro: Můstek (A, B)*

G + G **(111/E 2)**

Hinter dem Literaturcafé steckt ein Emigrantenschicksal: In der Slowakei fühlte sich der kritische

Von der Empore hat man einen guten Blick auf die Gäste des Cafés Evropa

MARCO POLO TIPPS FÜR RESTAURANTS

1 Černý kůň
Zu Gast im rustikalen Restaurant des Präsidentenbruders Ivan Havel (Seite 51)

2 Dolly Bell
Stilvoll essen in einem urslawischen Lokal (Seite 49)

3 Letenská zámeček
Schlösschen mit Biergarten, Restaurant und traumhaftem Blick vom Moldauhügel (Seite 52)

4 Nebozízek
Gaumenlegende im Schatten des Prager Eiffelturms, erreichbar per Seilbahn (Seite 49)

5 Palffy Palác
Paradies für romantische Feinschmecker (Seite 49)

6 Tower Praha
Spektakulärer Turm, spektakulärer Blick (Seite 52)

Publizist Fedór Gál Anfang der 90er-Jahre nicht mehr sicher, also zog er nach Prag, gründete einen Verlag, und sein Sohn eröffnete das G + G. Unbedingt probieren: *Šabaika* (ungarische Salami). *Tgl. 11–22 Uhr, Čerchovská 4, Metro: Jiřího z Poděbrad (A)*

The Globe **(106/C 3)**
Begann als Amerikaner-Ghetto, heute eine liebgewonnene Einrichtung, mit Terrasse. Wer hier frühstückt, rettet den Tag im vorhinein (bester Milchkaffee der Stadt). Nebenbei auch Bücherladen. *Tgl. 10–24 Uhr, Janovského 24, Metro: Vltavská (C)*

Louvre **(112/C 4)**
Angegraute Exil-Tschechinnen, die es im Ausland zu etwas gebracht haben, suchen in dem großzügigen Art-déco-Café ihren US-Sonnyboy zur gemeinsamen Freizeitgestaltung. Die restlichen Besucher haben im Slavia keinen Platz mehr gefunden. *Tgl. 8–23 Uhr, Národní třída 20, Metro: Národní třída (B)*

Malostranská kavárna **(105/E 5)**
Mit viel Liebe renoviertes Prager Kaffeehaus-Urgestein, auf Grund der Lage meist von Diplomaten und Touristen frequentiert. Terrasse, reichhaltiges Kuchenangebot. *Tgl. 12–23 Uhr, Malostranské náměstí 28, Straßenbahnhaltestelle Malostranské náměstí ab Metrostation Malostranská (A)*

Medúza **(111/D 3)**
Stehlampen und Sessel wie in einem Wohnzimmer. Beliebter Treffpunkt der in Prag lebenden Ausländer. *Tgl. 12–24 Uhr, Belgická 19, Metro: I. P. Pavlova (C)*

Milena **(112/C 2)**
Benannt nach einer Freundin Kafkas, der Journalistin Milena Jesenská. Die geschmackvoll eingerichtete Stube am Altstädter Ring lädt zum Zeitunglesen ein. Unschlagbar ist ein Platz am Fenster: Zur vollen Stunde rollen die Apostel der Astronomischen Uhr fast greifbar vorbei. *Tgl. 10–22 Uhr, Staroměstské náměstí 22, Metro: Můstek (A, B)*

Seit über 100 Jahren treffen sich im Café Slavia Künstler und Poeten

Savoy (112/A 4)
Ein Muss für jedes Liebespaar, seit Karel Gott hier ein romantisches Musikvideo drehte. Außerdem Exil für ältere Prager, denen das renovierte Slavia nicht gefällt. *Tgl. 12–23 Uhr, Vítězná 5, Straßenbahnhaltestelle Újezd ab Metrostation Národní třída (B)*

Slavia (112/B 4)
Traumhafter Blick auf Moldau, Burg und Karlsbrücke. Nach der Wiedereröffnung 1997 haben viele das neue Chromkleid der Legende nicht akzeptiert. Faustregel: Wer am Fenster sitzt, tut es nicht wegen der Aussicht, sondern will in erster Linie gesehen werden. *Tgl. 8–24 Uhr, Národní třída 1, Straßenbahnhaltestelle Národní divadlo ab Metrostation Národní třída (B)*

EISDIELEN

Mida Gelati (113/D 3)
Zwar ist der italienische Name so falsch wie die sowjetischen Armeemützen, die vor der Tür verkauft werden, aber das stört nicht wirklich. Der Laden ist höchst beliebt, derzeit aber (noch) ohne Terrasse. *Tgl. 9–23 Uhr, Václavské náměstí 29, Tel. 24 22 89 11, Metro: Můstek (A, B)*

Světozor (113/D 4)
Die Einrichtung ist dazu geeignet, einem den Schweiß eiskalt den Rücken hinabzutreiben: Das Sitzgestänge ist die Bankrotterklärung der sozialistischen Architektur. Das gute Eis verdrängt aber schnell die Erinnerung an den kalten Krieg. *Tgl. 9–22 Uhr, Vodičková 39, Tel. 24 22 80 95, Metro: Můstek (A, B)*

RESTAURANTS KATEGORIE 1

Ein Hauptgericht kostet zwischen 600 und 1000 Kč

Casablanca (113/D 3)
Dattelplätzchen zwischen Wasserpfeife und Kamelhaardecken – hier findet der Marokko-Ur-

lauber, was er in Agadir vergeblich suchte. Und vielleicht ist das der Beginn einer wunderbaren Freundschaft mit der nordafrikanischen Küche. *Tgl. 19–0.30 Uhr, Na příkopě 10, Tel. 24 21 05 19, Metro: Můstek (A, B)*

Čertovka (Teufelsbach) (105/F 5)
Der Hinweg ist die halbe Vorspeise: Eine ehemalige Feuerwehrstiege führt zu dem Lokal an der Moldau. Ist der Aufstieg dann geschafft, bietet die Terrasse einen netten Blick auf die Altstadtseite. *Tgl. 11–23 Uhr, U lužického semináře 24, Tel. 53 88 53, Metro: Malostranská (A)*

Circle Line (105/E 5)
Das Nobelrestaurant auf der Kleinseite gewann dank seiner vorzüglichen Köche drei von vier Positionen im renommierten Restaurantführer »Czipin Guide 1998/99«. *Tgl. 11–23 Uhr, Malostranské náměstí 12, Tel. 57 53 00 23, Straßenbahnhaltestelle Malostranské náměstí ab Metrostation Malostranská (A)*

Dolly Bell (110/B 4)
★ Hier bekommen Sie kulinarisches aus den Schluchten des Balkan. Der Name stammt vom jugoslawischen Regisseur Emir Kusturica, der hier mit seinem Stab nach Dreharbeiten feierte. Auf der großen Tafel an der Wand steht übrigens: »Nicht über Politik sprechen!« *Tgl. 11–0.30 Uhr, Neklanova 20, Tel. 29 88 15, Metro: Karlovo náměstí (B)*

Mayur (113/D 4)
Indira Ghandi trifft den Tiger von Eschnapur: Das indische Interieur vermittelt das Gefühl, Prag liege am Ganges. Die Speisekarte liest sich wie ein Kompendium der orientalischen Botanik – das Mayur ist ein Muss für mutige Vegetarier. *Tgl. 12–23 Uhr, Štěpánská 61, Tel. 24 22 67 37, Metro: Můstek (A, B)*

Nebozízek (Bohrer) (109/E 1)
★ Das Delikatessenlokal liegt neben der Zahnradbahn zum Petřín-Hügel. Terrasse mit traumhafter Sicht. *Tgl. 11–23 Uhr, Petřínské sady 411, Tel. 53 79 05, Drahtseilbahn ab Straßenbahnstation Újezd (z. B. von Metrostation Národní třída, Linie B)*

Palffy Palác (105/E 5)
★ Kerzenlicht, Klaviermusik und taktvolle Kellner – dies ist der richtige Ort für ein intimes

Manchmal trügt der Schein

Gern wird das Wort von der »Goldenen Stadt« im Mund geführt – oft handelt es sich dabei um Katzengold. »Altböhmische Restaurants« sind manchmal Fassade, und andernorts kann der Koch nicht halten, was die Speisekarte verspricht. Verschwiegen werden soll nicht, dass mancher Zahlkellner betrügerisch das Datum zur Summe addiert. Natürlich kann jeder Küchenchef einen schlechten Tag haben und jede Bedienung den Gast wegen mangelnder Sprachkenntnisse missverstehen. Ebenso hat aber jeder Gast ein Recht auf Klarstellung, wenn das Essen schlecht oder die Rechnung undurchsichtig ist.

Die Gourmettempel von Prag

Bellevue (112/B 3)
Der Name passt: Die Aussicht auf Burg, Moldau und Karlsbrücke konkurriert mit dem schönen Anblick auf dem Teller. Stammgäste loben die internationale Küche, beim einheimischen Essen hat das Lokal angeblich noch Reserven. *Tgl. 11–23 Uhr, Smetanovo nábřeží 18, Tel. 235 95 99, Metro: Národní třída (B)*

Kampa Park (109/E 5)
In einer Umfrage nannten die Leser der »Prague Post« das Restaurant als einen der besten Plätze für Geschäftsessen. Das Ambiente ist nüchtern, ganz anders als die Speisekarte: Vielbesucher stehen auf Fisch und Wild. *Tgl. 11.30–23.30 Uhr, Nad kampě 8 b, Tel. 53 30 71, Metro: Malostranská (A)*

Parnas (112/B 4)
Gleich neben dem Café Slavia und auch mit schönem Moldaublick. Die Prager lobten die böhmische Küche des Hauses so sehr, dass die Betreiber bei der Verpachtung des benachbarten Kaffeehauses die besten Karten hatten. Die Einrichtung ist konservativ edel, aber geschmackvoll. *Tgl. 12–15 und 18–24 Uhr, Smetanovo nábřeží 2, Tel. 24 21 19 01, Metro: Národní třída (B)*

Reykjavík (112/B 3)
Der Name ist Programm – ein Stück Island inmitten der hektischen Fußgängerzone. Die Mehrzahl der Schuppentiere wird übrigens von der Insel eingeflogen. *Tgl. 11–23 Uhr, Karlova 20, Tel. 24 22 92 51, Metro: Staroměstská (A)*

U malířù
(**Zu den Malern**) (109/F 4)
Benannt nach dem Maler Jan Šic, der 1583 mangels Erfolg seine Profession änderte und im Haus eine Wirtschaft eröffnete. Heute ist das französische Restaurant nach Meinung vieler das erste Haus am Platze. Die stilvolle Atmosphäre und die Wandmalereien gefielen schon dem spanischen König Juan Carlos, der hier 1987 kräftig zugelangt haben soll. *Tgl. 11–15 und 18–23 Uhr, Maltézské náměstí 10, Tel. 53 18 83, Metro: Malostranská (A)*

U mecenáše
(**Zum Mäzen**) (105/E 5)
Die exzellente Küche mit guten Wildspeisen sorgt für volle Reservierungslisten. Nur ein kleiner Tisch bleibt öfter leer – hier soll sich der Überlieferung nach zu Beginn des 17. Jhs. der Henker von Prag gestärkt haben, bevor er zur Tat schritt. *Tgl. 12–23.30 Uhr, Malostranské náměstí 10, Tel. 53 38 81, Metro: Malostranská (A)*

U tří pštrosù
(**Zu den drei Straußen**) (112/A 2)
Das Haus eines ehemaligen Federschmuckhändlers (daher der Name) hat die unterschiedlichsten Gäste gesehen: Im Dreißigjährigen Krieg belagerten hier die Schweden die Karlsbrücke, später lobte US-Schauspielerin Barbara Streisand während der Dreharbeiten zu »Jentl« die böhmische Küche. *Tgl. 11–15 und 18–23 Uhr, Dražického náměstí 6, Tel. 53 60 07, Metro: Malostranská (A)*

Abendessen zu zweit. Unromantische sollten besser fernbleiben, Interessierte dagegen sollten auf gar keinen Fall das Reservieren vergessen. *Tgl. 18–1 Uhr, Valdštejnská 14, Tel. 57 32 05 70, Metro: Malostranská (A)*

Pod křídlem (Unter dem Flügel) **(105/E 6)**
Ein Versuch, neue böhmische Küche in modernem Design zu präsentieren. *Tgl. 11–0.30 Uhr, Národní třída 10, Tel. 24 91 23 77, Metro: Národní třída (B)*

La Provence **(113/D 2)**
Leben wie Karel Gott in Frankreich: Eine pralle Speisekarte mit Krevetten, Käse und Entenbrust zeugt von der Fruchtbarkeit der Mittelmeerregion. Unter den Besuchern überwiegt mit 99 Prozent der Ausländeranteil deutlich. *Tgl. 12–1 Uhr, Štupartská 9, Tel. 232 48 01, Metro: Náměstí Republiky (B)*

U modré kachničky (Zum blauen Entchen) **(105/E 5)**
So viele internationale Spezialitäten gab es vor 1989 in ganz Prag nicht. Kohl war auch darunter: der frühere Bundeskanzler dinierte hier mit Präsident Havel. *Tgl. 12–15 und 18.30 bis 23 Uhr, Nebodvidská 6, Tel. 57 32 03 08, Straßenbahnhaltestelle Hellichova ab Metrostation Malostranská (A)*

U zlaté hrušky (Zur goldenen Birne) **(105/D 5)**
Luxusrestaurant hinter der Burg mit gemütlichem Gartenbetrieb (Terrasse). *Tgl. 11–23.30 Uhr, Nový svět 3, Tel. 20 51 47 78, Straßenbahnhaltestelle Pohořelec ab Metrostation Malostranská (A)*

RESTAURANTS KATEGORIE 2

Ein Hauptgericht kostet zwischen 300 und 600 Kč

Amadé **(112/C 1)**
Die richtige Schule für eine schmackhafte Lektion in Landeskunde: Das unscheinbare Lokal bietet böhmisches Essen und mährische Weine in großer Auswahl. Die Kneipe im Erdgeschoss und das Restaurant im Keller sind zwar etwas kühl eingerichtet, ein heißer Tip in Sachen tschechische Spezialitäten bleibt das Amadé jedoch zweifelsohne. *Mo–Sa 12–23 Uhr, U milosrdných 10, Tel. 231 88 67, Metro: Staroměstská (A)*

Ambiente **(111/D 2)**
Alles, was die italienische Küche an Teigwaren hergibt – das Motto lautet »Essen und gesehen werden«. Die Szene streitet ständig, ob das Lokal gerade in oder out ist. Wer nicht reserviert, hat viel Zeit, im Stehen darüber nachzudenken. *Mo–Fr 11–24 Uhr, Sa/So 16–24 Uhr, Mánesova 59, Tel. 627 59 13, Metro: Jiřího z Poděbrad (A)*

Buffalo Bill's **(113/D 5)**
Tex-Mex, sonst nix. Die richtige Küche für Gäste, die John Wayne und blutige Steaks mögen und gute Zähne haben. Vorsicht: scharf gewürzt! *Tgl. 12–24 Uhr, Vodičkova 9, Tel. 24 21 54 79, Metro: Můstek (A, B)*

Černý kůň (Schwarzes Pferd) **(113/D 4)**
★ Dicke Teppiche, geschnitzte Stühle, böhmische Küche – hier feiert man seinen 50. Geburtstag im Kreis der Familie. Das Res-

taurant unter dem Lucerna-Palast gehört dem Bruder des Präsidenten, dem Wissenschaftler Ivan Havel. *Tgl. 11–0.30 Uhr, Štěpánská 61, Tel. 24 21 26 59, Metro: Můstek (A, B)*

Čínské zátiší (Chinesisches Stillleben) **(O)**
Kulinarisch und optisch ein Lichtblick: Das kleine Restaurant protestiert mit seiner farbenfrohen Markise gegen das Grau der Umgebung. Der kurze Trip in die Vorstadt lohnt sich: Das Essen ist frisch, die Auswahl groß. *Tgl. 11.30–22.30 Uhr, Batelovská 120, Tel. 61 21 80 88, Metro: Budějovická (C)*

Klub Architektů **(112/C 3)**
Früher ein Geheimtipp unter Studenten, heute ein In-Lokal des Prager Jungvolks. Oft voll, auf das Essen muss man lange warten. Die Lampen machen es locker wett. *Tgl. 11.30–1 Uhr, Betlémské náměstí 169, Tel. 24 40 12 14, Metro: Národní třída (B)*

Letenská zámeček (Letná-Schlösschen) **(106/C 4)**
★ Im Schlösschen auf dem Moldauhügel kommen beide auf ihre Rechnung: im unteren Restaurant der Gourmand, in der Feinschmeckerabteilung oben der Gourmet. Im Sommer ragt ein lauschiger Biergarten in den Letná-Park, der sich auch im Winter zum Verdauungsspaziergang eignet. *Tgl. 10–24 Uhr, Letenské sady, Tel. 37 12 06, Straßenbahnhaltestelle Kamenická ab Metrostation Vltavská (C)*

Miyabi **(113/D 5)**
Dieser Japaner ist ein Geheimtipp – in Prag. Angeblich kennt ihn in Tokio jedes Kind. *Mo–Fr 11–23 Uhr, Sa/So 12–23 Uhr, Navratilova 10, Tel. 29 53 76, Metro: Karlovo náměstí (B)*

Pálava **(111/E 1)**
Auf den Tisch kommt deftige slowakische Küche – hier schmecken die Tschechen jeden Tag aufs Neue, was sie durch die Teilung der Tschechoslowakei verloren haben. Abends hohe Verbrüderungsquote. *Tgl. 11–24 Uhr, Slavíková 18, Tel. 627 52 73, Metro: Jiřího z Poděbrad (A)*

Pelikan **(113/D 3)**
Das tschechisches Restaurant über der Touristenmeile ist für viele Prager so etwas wie der letzte Fluchtpunkt am Wenzelsplatz. *Tgl. 11–23.30 Uhr, Na příkopě 7, Tel. 24 21 06 97, Metro: Můstek (A, B)*

Pizzeria Kmotra **(112/C 5)**
Große Teigräder, aber viel zu kleines Restaurant. Daher nichts für gemütliche Abende – die große Zahl von Wartenden dreht ungeduldige Runden um jeden Tisch. *Tgl. 11–0.30 Uhr, V jirchářích 12, Tel. 24 91 58 09, Metro: Národní třída (B)*

Pizzeria Rugantino **(112/C 1)**
Viel Platz für Raucher, Nichtraucher, Wein- und Biertrinker. Schneller, freundlicher Service. Gelegentlich sorgt eine italienische Touristengruppe marktschreierisch für neapolitanisches Ambiente. *Mo–Sa 11–23 Uhr, So 18–23 Uhr, Dušní 4, Tel. 231 81 72, Metro: Staroměstská (A)*

Tower Praha **(111/E 1)**
★ Wie wäre es heute mit »Tintenfisch Akropolis« in 60 m

Höhe? Vielen reicht allerdings schon eine Tasse aufgebrühter Kaffee, um den Augenschmaus vom Fernsehturm zu genießen – vielleicht der schönste Blick über Prag. *Tgl. 11–23 Uhr, Mahlerovy sady 1, Tel. 67 00 57 66, Metro: Jiřího z Poděbrad (A)*

RESTAURANTS KATEGORIE 3

Ein Hauptgericht kostet zwischen 100 und 300 Kč

Austria **(109/E 2)**
Gutbürgerliches Haus unweit der österreichischen Botschaft. Große Kapazität, kleine Preise und eine selbstbewusste Einrichtung: Wagenrad und Strohblumensträuße an der Wand sorgen für Alpenambiente. *Tgl. 11–23 Uhr, Štefánikova 25, Tel. 54 98 79, Metro: Anděl (B)*

Bar Bar **(109/E 1)**
Gefüllte Pfannkuchen, überfüllte Kneipe: Der Inhaber nennt es »das ultimative Lokal«, und kann ein ständig voller Schankraum täuschen? Viele kommen nur wegen der Crêpes – die sind tatsächlich »ultimativ«. *Mo–Fr 11–24 Uhr, Sa/So 12–24 Uhr, Všehrdova 17, Tel. 53 29 41, Straßenbahnhaltestelle Újezd ab Metrostation Národní třída (B)*

Bohemia Bagel **(109/E 1)**
Hier gibt es das gelochte amerikanische Brötchen frisch aus dem Ofen. Punktabzug für die Einrichtung, eine Mischung aus Stehcafé und Bushaltestelle – aber es gibt ja glücklicherweise noch die Terrasse. *Tgl. 10–22 Uhr, Újezd 16, Tel. 53 10 02, Straßenbahnhaltestelle Újezd ab Metrostation Národní třída (B)*

U bakaláře
(Beim Stadtschreiber) **(113/D 2)**
Der Studententreff mit seiner legendären Auswahl an belegten Broten *(chlebičky)* ist vor allem etwas für den kleinen Hunger zwischendurch. Besonders empfehlenswert sind hier übrigens die frischen Fisch- und Knoblauch-Schnitten. *Mo–Fr 8.30–19 Uhr, Sa/So 13–19 Uhr, Celetná 13, Tel. 24 81 18 70, Metro: Náměstí Republiky (B)*

U Schnellů **(105/E 5)**
Vor über 200 Jahren galt dies Haus als Geheimtipp der adligen Schickeria Böhmens, heutzutage ist es das Stammlokal für Liebhaber der böhmischen Küche. Doch, doch, der Kellner knipst Sie gerne, wie Sie satt ins Bild prosten. *Tgl. 11–23.30 Uhr, Tomašská 27, Tel. 53 20 04, Straßenbahnhaltestelle Malostranské náměstí ab Metrostation Malostranská (A)*

Freunde der bömischen Küche kehren gern hier ein

Shopping mit Pfiff

Bücher, Bier und bunte Sachen: Lassen Sie Platz im Koffer – es gibt viel mitzubringen aus Böhmens Hauptstadt

Typische Prager Souvenirs, so lästerte eine Zeitung einmal, das seien Oblaten aus Karlsbad, Bier aus Pilsen und polnisches Geld, das man beim Schwarztauschen bekomme. Tatsächlich stellt sich die Frage, was »typisch Prag« ist. Die Verkaufsschlager sind jedenfalls *Kristall* und *Holzspielzeug*. Preis und Qualität differieren jedoch gewaltig, oft innerhalb derselben Straße. Die vielleicht schönsten *Marionetten* findet man auf dem *Havelmarkt (Havelské trh)*, der bekannteste Glashersteller Tschechiens ist *Moser*. Prag hat aber viel mehr Dinge zu bieten, für die die Stadt nicht unbedingt bekannt ist. Beispielsweise sind die meisten *Antiquariate* der Stadt exzellent bestückt. Manchem Besucher ist hier schon ein kostbares Schnäppchen gelungen. Auch Tonträger mit klassischen Werken, die von heimischen Orchestern aufgenommen wurden, sind äußerst empfehlenswert. Die Ausbildung der Musiker ist in kommunistischen Zeiten sehr ernst genommen worden, denn mit ihren Tourneen erspielten sie dem Regime wichtige Devisen.

Die größte Auswahl an Geschäften finden Sie rund um das »Goldene Kreuz«. Dieser Begriff bezeichnet das Viertel um den *Wenzelsplatz* und die Straßen *Na příkopě, 28. října* und *Národní třída*. In den vergangenen Jahren haben sich jedoch auch zwischen dem *Altstädter Ring* und der *Karlsbrücke* sowie in der *Celetná-Gasse* zahlreiche bemerkenswerte Geschäfte etabliert. Sehr elegant hat sich die *Pařížská-Straße* herausgeputzt, in der jetzt die Filialen internationaler Gesellschaften sitzen. Auch zahlreiche Schmuck- und Antiquitätengeschäfte bieten hier ihre Waren an. Fragen Sie bei Interesse unbedingt nach einer Ausfuhrgenehmigung.

Nicht unbedingt typisch Prag, aber an Farbenvielfalt kaum zu übertreffen

ANTIQUARIATE

Antikvariát Křenek (113/D 2)
Klein, aber fein: Der Laden hinter dem Pulverturm hält neben Deutschsprachigem auch rare Übersetzungen deutscher Autoren ins Tschechische feil. Außerdem: große Auswahl alter Stiche sowie nette und kompetente Bedienung. *Celetná 31, Tel. 231 47 34, Metro: Náměstí Republiky (B)*

Antikvariát Makovský & Gregor (112/D 3)
Direkt an der Karlsbrücke, dementsprechend frequentiert. Stärken: Antiquarisches in vielen Sprachen, aber keine ausgespro-

chen hohe Schnäppchenquote. *Karlova 9, Tel. 232 83 35, Metro: Můstek (A, B)*

Antikvariát Pařížská **(112/C 1)**
Bei deutschen Büchern immer für kostengünstige Überraschungen gut. Waschkörbeweise vorhanden sind historische Postkarten. Großes Angebot an Landkarten und Grafiken. *Pařížská 8, Tel. 232 14 42, Metro: Staroměstská (A)*

BÜCHER

Dům knihy (Haus der Bücher) **(113/D 4)**
★ Vier Stockwerke, angefüllt mit Büchern – der literarische Leuchtturm am Wenzelsplatz wurde erst im Herbst 1998 eröffnet. Bemerkenswerte Abteilung zu Fotografie und Architektur, auch einige Pragensia sind zu entdecken. *Václavske náměstí 4, Metro: Muzeum (A, C)*

Knihkupectví Fišer (Buchhandlung Fišer) **(112/C 2)**
Ein liebenswerter, etwas verschlafen wirkender Laden. Hier haben schon große europäische Schriftsteller Autogrammstunden gegeben. *Kaprova 10, Metro: Staroměstská (A)*

Knihkupectví Franze Kafky (Buchhandlung Franz Kafka) **(113/D 2)**
Das Haus am Altstädter Ring, ein ehemaliger Wohnsitz von Kafka, orientiert sich nicht nur am Touristengeschmack. Viele Bücher tschechischer Autoren in deutscher Übersetzung. Im Nebenraum auch CDs. *Staroměstské náměstí 12, Metro: Staroměstská (A)*

Jan Kanzelsberger **(113/E 4)**
Das gutsortierte Haus bietet tschechische Kinderbücher in deutscher Übersetzung, deutsche Taschenbuch-Neuerscheinungen, jede Menge Pragensia. In erster

Die Schaufenster der Antiquariate animieren nicht nur Bibliophile zum Eintreten

MARCO POLO TIPPS FÜRS SHOPPING

1 **Havelske trh**
Einer der ältesten Wochenmärkte der Stadt (Seite 60)

2 **Holzspielzeug**
Qualität lässt Herzen höher schlagen (Seite 58)

3 **Baťa**
Die berühmten Lederschuhe direkt aus dem Stammhaus (Seite 60)

4 **Dům knihy**
Literarischer Leuchtturm am Wenzelsplatz (Seite 56)

5 **Galerie MXM**
Renommierte Kunst aus Profihand (Seite 58)

6 **Bontonland**
Hier gibt es alles von Abba bis Zappa auf CD und MC (Seite 57)

Linie ist »der Kanzelsberger« aber eine bedeutende tschechische Buchhandlung. *Václavske náměstí 42, Metro: Muzeum (A, C)*

U Knihomola (Beim Bücherwurm) **(111/E 2)**
Ein Buchladen? Ein Bistro? Eine Legende! Die Bücherkiste von Weltbürger Alexander Mehdevi enthält kaum Bestseller, dafür zahlreiche echte Schmöker – über 16 000 Titel in zwanzig Sprachen. Die Palette reicht von Salman Rushdie bis Tim und Struppi. Und im Bistro von Tee bis Wodka. *Mánesova 79, Metro: Jiřího z Poděbrad (A)*

Vitalis **(105/F 5)**
Größtes Angebot deutschsprachiger Bücher in und über Prag, einige davon sind im Selbstverlag erschienen. *U lužického semináře 19, Metro: Malostranská (A)*

CDs UND SCHALLPLATTEN

Bontonland **(113/D 3)**
Internationales Sortiment – einer der größten CD-Läden Europas. *Václavské náměstí 1, Metro: Můstek (A, B)*

Classic Music Distribution **(O)**
Hier finden Sie wahrscheinlich die breiteste Palette an klassischer Musik in Prag. Neben den gängigen Titeln sind auch eher unbekannte Einspielungen im Angebot. *Biskupcova 26, Straßenbahnhaltestelle Biskupcova ab Metrostation Hlávní Nádraži (C)*

Pohodlí **(113/D 1)**
Sie sind auf der Suche nach Musik aus Aserbaidschan, dem Jemen oder Taiwan? Alles kein Problem für den winzigen Laden hinter dem Kaufhaus Kotva. In dem vollgestopften Raum kaufte schon Hanna Schygulla während der Drehpausen Klezmer-CDs. *Benediktská 7, Metro: Náměstí Republiky (B)*

Popron **(113/D 4)**
Vorrangig Werke tschechischer Künstler werden hier angeboten, daneben aber auch einiges an europäischer Musik. *Jungmannova 30, Metro: Můstek (A, B)*

Supraphon **(113/D 4)**
Tschechische und internationale Künstler, auch Klassik. *Palackého 1, Metro: Karlovo náměstí (B)*

DELIKATESSEN

Dům lahůdky **(112/C 2)**
Die Fassade ist ein Augenschmaus: Das Gebäude nahe des Altstädter Rings besticht durch Sgraffiti. Innen bietet das »Haus der Delikatesse« auf drei Stockwerken Feinschmeckern Frisches feil. Und der Weinkeller sucht in Prag seinesgleichen. *Malé náměstí, Metro: Muzeum (A, B)*

GALERIEN

Galerie Chodovská tvrz **(O)**
Der Trip in die Vorstadt lohnt sich: Trotz zahlreicher Ausstellungserfolge ist der »Turm von Chodov« immer noch ein Geheimtip für zeitgenössische tschechische Kunst. *Ledvinova 9, Metro: Opatov (C)*

Galerie Miro **(115/D 5)**
In dieser ehemaligen Kapelle werden sowohl Werke internationaler Koryphäen wie Salvador Dali, als auch Bilder von Hobbykünstlern wie Karel Gott oder Ron Wood ausgestellt. Gelegentlich kommerziell, aber nie langweilig! *Strahovské nádvoří 1, Straßenbahnhaltestelle Pohořelec ab Metrostation Malostranská (A)*

Galerie MXM **(105/E 6)**
★ International renommiertes Haus mit festem Bestand europäischer Künstler. *Nosticova 6, Straßenbahnhaltestelle Hellichova ab Metrostation Malostranská (A)*

Galerie Nová síň **(112/C 4)**
Der »Neue Saal« entwickelte sich in den vergangenen Jahren mehr und mehr zur Bühne der tschechischen Avantgarde. *Voršilská 3, Metro: Národní třída (B)*

Galerie Václava Spály **(112/C 4)**
Wechselnde Ausstellungen, bevorzugt europäische Avantgarde. Gelegentlich Installationen auf hohem Niveau. *Národní třída 30, Metro: Národní třída (B)*

Galerie Vltavin **(112/B 5)**
Gemälde und Skulpturen tschechischer Klassiker (z. B. Josef Lada). *Masarykovo nábřeží, Metro: Národní třída (B)*

GLAS UND KERAMIK

Dana Bohemia **(112/C 4)**
Überwältigende und exklusive Auswahl – kann man aus Glas mehr machen? *Národní třída 43, Metro: Národní třída (B)*

Jafa **(116/C 1)**
Reichhaltiges Sortiment an Bleikristall, vereinzelt mit jüdischen Symbolen. *Maislova 15, Metro: Staroměstská (A)*

Moser **(113/D 3)**
Filiale der westböhmischen Glas- und Keramik-Dynastie. Hat auch zweite Wahl für den nächsten Polterabend im Angebot. *Na příkopě 12, Metro: Můstek (A, B)*

HOLZSPIELZEUG UND MARIONETTEN

Dřevěné hračký (Holzspielzeug) **(112/C 3)**
★ Von der Lokomotive bis zum Bauklotz alles für Kinderherzen. *Husova 12, Metro: Můstek (A, B)*

Hand made (Handgefertigt) **(105/E 5)**
Edle Unikate (Marionetten, Holzfiguren, Mobiles) eher für erwachsene Sammler. *Nerudova 31, Metro: Malostranská (A)*

Marionetten sind einer der Verkaufsschlager in Prag

Pohádka (Märchen) **(113/D 2)**
Tschechische Legenden, ganz handzahm: Im Geschäft von Jiří Kopecký gibt es den Soldaten Schwejk aus Filz, den Maulwurf aus der »Sendung mit der Maus« als Handpuppe, den Kater Mikesch als Marionette und vieles mehr. *Celetná 32, Metro: Náměstí Republiky (B)*

KAUFHÄUSER

Centrum Černý Most **(O)**
Der Mega-Konsumtempel entstand am Rande der Stadt auf grüner Wiese und ist bequem mit einer neuen U-Bahn-Linie erreichbar. Der Name kommt vom Stadtteil. *Chlumecká 765, Metro: Černý Most (B)*

Kotva (Anker) **(113/E 2)**
»In New York und im Kotva bekommst du alles«, sagt ein Freund. Er hat recht. Besonders empfehlenswert: Die Videokassetten mit den unsterblichen Helden der Kindheit (Pan Tau, Lolek und Bolek, Arabella). *náměstí Republiky 8, Metro: Náměstí Republiky (B)*

Krone **(113/E 4)**
Besonders nett ist das kleine Bistro im Erdgeschoss. Mit ihrem Angebot zollt die »Krone« ihrem Sitz am Wenzelsplatz Tribut – es gibt vom Krimsekt bis zur Postkarte alles, was der Pragtourist begehrt. *Václavské náměstí 21, Metro: Můstek (A, B)*

Myslbek **(113/D 3)**
Die moderne Shopping-Mall wurde 1997 eröffnet. In dem provokanten Stahl-Glas-Beton-Bau befinden sich zahlreiche Markenläden. *Na příkopě 19, Metro: Můstek (A, B)*

Prior **(O)**
Letzte Filiale der ehemaligen ČSSR-Kette. Eine Mischung aus Nostalgie und Neuzeit. *Budějovická 64, Metro: Budějovická (C)*

Tesco **(112/C 4)**
Für seine glasdurchbrochene Rolltreppenfassade bekam das 1975 als »Máj« eröffnete Haus einen Architekturpreis. Jetzt wurde auch die Inneneinrichtung ausgezeichnet: Die Grünzeugecke ist für die *Prague Post* die »Gemüse-Abteilung des Jahres 1998«. *Národní třída 26, Metro: Národní třída (B)*

Vinohradský Pavilon **(111/D 2)**
Die frühere Weinberger Markthalle wurde aufwendig zu einem Kaufhaus zusammengewürfelt. Viele Markenläden, viele schöne Menschen, wenig Aufregendes. Die Architektur macht das locker wett. *Vinohradská 50, Metro: Náměstí Míru (A)*

MÄRKTE

Die erwähnten Märkte finden täglich zwischen 10 und 19 Uhr statt.

Havelské trh (Havelmarkt) **(112/C 3)**
Einer der ältesten Prager Märkte, führt heute vorrangig günstiges Gemüse, allerlei Holzspielzeug und Schmuck. Wer hier nicht fündig wird, der hat es auch anderswo schwer. *Havelská, Metro: Můstek (A, B)*

Pražské tržnice (Prager Markt) **(107/E 3)**
Trödel aller Farben und Formen im ehemaligen Prager Schlachthof. Zahlreiche Imbissbuden sind integriert. *Bubenské nábřeží, Metro: Vltavská (C)*

Výstaviště **(106/C 2)**
Alkohol, Klamotten und Unterhaltungselektronik aus Fernost. Im Angebot auch billige »adidas«-Kleider mit vier und mehr Streifen. *U Výstaviště, Straßenbahnhaltestelle Výstaviště ab Metrostation Nádraží Holešovice (C)*

MODE

Adam-Steiner **(113/D 3)**
Traditionsreicher Schneider mit den besten Stoffen Prags. *Na příkopě 8, Metro: Můstek (A, B)*

Bat'a **(113/D 4)**
★ In keiner europäischen Fußgängerzone fehlt das Schuhge-

Nichts Neues vom Golem

Falls er nicht existiert hat, wurde er zumindest gut erfunden: der Golem, Prags bekanntester Exportschlager nach Kafka und dem braven Soldaten Schwejk. Der Legende nach hatte Rabbi Löw die mächtige Figur im Jahr 1580 aus Lehm als Beschützer des jüdischen Ghettos geschaffen. Doch als der Gehilfe unberechenbar wurde, zog der geniale Rabbi den Zettel mit dem magischen Wort aus dem Mund seines Geschöpfes und verstaute die leblose Masse auf dem Dachboden der Altneusynagoge. Dort warte der Golem, bis neue Gefahren die Prager Juden bedrohten und er eingreifen könne, berichtet die Sage. Doch als der »rasende Reporter« Egon Erwin Kisch auf dem Dachboden recherchierte, fand er nur Staub und Fledermäuse. Den Mythos ficht das nicht an: Auf T-Shirts und Tassen ist der Golem so lebendig wie nie.

schäft des im mährischen Zlín geborenen Bat'a. Hier steht das Prager Stammhaus – immer noch preisgünstig. *Václavské náměstí 6, Metro: Muzeum (A, C)*

Black Market **(113/E 1)**
Erste Wahl in Sachen Secondhand – fast wie in London. *Petrské náměstí 1, Metro: Náměstí Republiky (B)*

Boutique Tatiana **(112/C 4)**
Tatiana Kovaříková gehört zur Prominenz der Prager Designerszene und schneidert mit Vorliebe schlichte Filmkostüme. Die 32-Jährige studierte an der Theaterakademie der musischen Künste. *Národní třída 37, Metro: Národní třída (B)*

Boutique Timoure et group **(112/C 4)**
Ivana Šafránkova (39) und Alexandra Pavalová (33) setzen auf lässige Eleganz, nüchterne Farben und Qualitätsstoffe und unterlassen schnelllebige Modetorheiten. Die Studienkolleginnen haben sich mittlerweile in der tschechischen Modeszene etabliert. *Národní třída 37, Metro: Národní třída (B)*

Helena Fejková **(113/D 4)**
Die Boutique der 43-jährigen Designerin ist nicht nur ein Magnet der modebewussten Prager Frauen: neben klassisch geschnittenen Kostümen und hochwertigen Strickwaren gibt es auch Kollektionen für Männer – erschwinglich und gut verarbeitet. *Štěpánská 56 (Lucerna-Passage), Metro: Muzeum (A, C)*

Klára boutique **(109/D 4)**
Nach sieben Jahren in Paris begann Klára Nademlýnská 1997 mit dem Entwerfen luxuriöser Damenkonfektion in Kleinserien. Die 30-Jährige setzt dabei vor allem auf junge Mode in Unifarben. *U Nikolajky, Metro: Anděl (B)*

Josef Klir **(105/E 5)**
Der junge Absolvent einer nordböhmischen Textilgewerbeschule schmückt seine Arbeiten mit Spitzen, Perlchen und Handstickereien – offenbar mit viel Erfolg: Zahlreiche prominente Damen des Landes tragen die figurbetonenden Stoffe des 27-Jährigen, darunter auch das tschechische Topmodel Eva Herzigová. *Nerudova 49/Jánska 14, Metro: Malostranská (A)*

Modrá **(O)**
Monika Drápalová entwirft Talare für Hochschulrektoren, Kostüme für Puppentheater und »Mode für Menschen«: Das vielseitige Repertoire der 28-jährigen Pragerin erntete mit Preisen aus Luxemburg und Paris bereits internationale Anerkennung. Gelernt hat sie ihr Handwerk in Nottingham. *Lohniského 870, mehrere Busse ab Metrostation Smíchovské nádraží (B)*

SPORTGESCHÄFT

Panenka **(111/F 4)**
Antonín Panenka machte 1976 in Belgrad mit seinem Tor gegen Deutschland die ČSSR zum Fußballeuropameister. Seitdem genießt der schnauzbärtige Kicker, dessen Laden ins Stadion von Bohemians Prag integriert ist, bei den Einheimischen Kultstatus. *Vršovická, Straßenbahnhaltestelle Koh-i-noor ab Metrostation Strašnická (A)*

HOTEL PAŘÍŽ
1080
1
HOTEL
PAŘÍŽ

Traumhaft schlafen

Aufbruch aus der Donaumonarchie – die modernen Herbergen wachsen über sich hinaus. Der Boom sorgt für ein großes Angebot mit großen Unterschieden

Prag ist schon seit mehreren Jahrzehnten ein Magnet für Touristen aus aller Welt. Seit der Zwangsumtausch (und für viele Länder auch die Visumspflicht) abgeschafft ist, strömen noch mehr Besucher in die Stadt als zu sozialistischen Zeiten. Auch aus diesem Grund kam es nach dem Wendejahr 1989 zu einem regelrechten Boom beim Bau von Hotels.

Trotzdem grenzt es immer noch an ein Wunder, wenn man als Individualtourist während der Saison ein Zimmer in Prag bekommt – viele Hotels vermieten ihre Betten schon Monate vorher pauschal an Reiseunternehmen. Wer also auf eigene Faust an die Moldau reist, sollte entweder eine der Vermietungsstellen für Unterkünfte aufsuchen (zum Beispiel in den Prager Bahnhöfen *Hlavní nádraží* und *Nádraží Holešovice*) oder früh buchen.

Ein Problem ist bei vielen kleineren Häusern immer noch die Verständigung. Bei deutsch- oder englischsprachigen Anrufen kommt es oft zu ärgerlichen Missverständnissen, die sich manchmal erst sehr spät, nämlich bei der Ankunft im Hotel, klären. Ausdrücklich empfohlen sei daher an dieser Stelle, Reservierungen schriftlich (zum Beispiel per Fax) zu erledigen. Dies kann dann auch in Deutsch geschehen.

Die Zahl der Privatunterkünfte ist in den vergangenen Jahren ebenso sprunghaft angestiegen wie die der Hotelzimmer. Das liegt unter anderem auch daran, dass viele Prager sich eine Wohnung in einer Plattenbausiedlung leisten und ihr Apartment im Zentrum vermieten. Anzeigen dazu sieht man auch vermehrt in deutschen Zeitungen. Im Allgemeinen sind diese Angebote seriös und die Unterkünfte sauber.

Achtung: In manchen Hotels gelten für Ausländer gesonderte, höhere Zimmerpreise. Die Tourismusindustrie argumentiert, dass Ausländer mehr Geld haben als Tschechen und sie daher für die gleiche Sache mehr bezahlen können. Wundern Sie sich ruhig über diese Preispolitik – schon die Europäische Union hat Tschechien aufgefordert, diese unverständliche Genehmigung zu ändern.

Haupteingang des von Gästen aus aller Welt besuchten Drei-Sterne-Hotels Paříž

HOTELS KATEGORIE 1

Preise ab 200 Mark für ein Doppelzimmer

Ametyst **(111/D 3)**
Hotel in österreichischem Stil mit angenehmer Weinstube, ruhig gelegen. Mehrere Restaurants befinden sich in der Nähe. *87 Zi., Jana Masaryka 11, Tel. 24 25 41 85, Fax 24 25 13 15, Metro: Náměstí Míru (A)*

Corinthia Towers **(110/C 4)**
In jeder Hinsicht ein Höhepunkt: Die imposanten Glastürme bieten exzellente Fernsicht, Bowling und Squash. Das Luxushotel war früher als »Forum« bekannt. *551 Zi., Kongresová 1, Tel. 61 19 11 11, Fax 42 14 64, Metro: Vyšehrad (C)*

Diplomat **(105/D 3)**
Weitläufiges Luxushotel in Flughafennähe. Im Keller eigene Kart-Rennbahn. *382 Zi., Evropská 15, Tel. 24 39 41 11, Fax 24 39 42 15, Metro: Dejvická (A)*

Don Giovanni **(O)**
Futuristisches Nobelhotel am neuen jüdischen Friedhof. Bei Prominenten sehr beliebt. *400 Zi., Vinohradská 157a, Tel. 67 03 11 11, Fax 67 03 67 17, Metro: Želivského (A)*

Esplanade **(113/E 4)**
Art-déco-Stil zwischen Hauptbahnhof und Wenzelsplatz. Großzügige Lobby, mondäne Marmorbäder, Parkplatz vor dem Haus. *74 Zi., Washingtonova 19, Tel. 24 21 36 96, Fax 24 22 93 06, Metro: Muzeum (A, C)*

Hoffmeister **(105/F 5)**
★ Kunstvoll eingerichtetes Haus unterhalb der Burg. Wird von Nachkommen des tschechischen Grafikers Adolf Hoffmeister geführt. Im Foyer hängen zahlrei-

Kunstvolles Haus in Burgnähe: Das Hotel Hoffmeister

MARCO POLO TIPPS FÜR HOTELS

1 **Evropa**
Relikt der Donaumonarchie im Jugendstil (Seite 66)

2 **Hoffmeister**
Kunst und Können unter einem Dach (Seite 64)

3 **Opera**
Alte Dame in neuem Gewand (Seite 68)

4 **Paříž**
Art-déco-Flaggschiff im Häusermeer der Altstadt (Seite 65)

che Karikaturen des Meisters. *42 Zi., Pod Bruskou 9, Tel. 57 31 09 42, Fax 57 32 09 06, Metro: Malostranská (A)*

Holiday Inn **(105/D 2)**
Das frühere »Hotel Internacional« ist ein Stück Moskau in Prag und trug früher einen weithin sichtbaren roten Stern auf der Spitze. Das in den 50er-Jahren entstandene Haus ist heute völlig umgebaut, Spuren der Vergangenheit sind jedoch noch sichtbar. *243 Zi., Koulova 15, Tel. 24 39 31 11, Fax 24 31 06 16, Straßenbahnhaltestelle Podbaba ab Metrostation Dejvice (A)*

Jalta **(113/E 4)**
1958 im sozialistischen Zuckerbäckerstil gebaut, lange beliebter Agententreff. Seit der Wende auch für Tagesgäste attraktiv (schöne Terrasse). *89 Zi., Václavské náměstí 45, Tel. 22 82 21 11, Fax 24 21 38 66, Metro: Muzeum (A, C)*

Mövenpick **(109/D 3)**
Eine Seilbahn verbindet das Hotel mit der Apartment-Anlage auf dem Mrázovka-Hügel. Oben große Terrasse und feines Restaurant. *435 Zi., Mozartova 261/1, Tel. 57 15 11 11, Fax 57 15 31 31, Metro: Anděl (B)*

Panorama **(O)**
Komfortables Hotel an der Fernverbindung Richtung Brno (Brünn). Typ Wolkenkratzer. *451 Zi., Milevská 7, Tel. 61 16 11 11, Fax 42 62 25, Metro: Pankrác (C)*

Paříž **(113/E 2)**
★ Das 1904 erbaute Drei-Sterne-Haus in der Altstadt wird vor allem wegen seiner geräumigen Zimmer geschätzt. Von außen ein blühender Jugendstil-Traum. *93 Zi., U Obecního domu 1, Tel. 22 19 51 95, Fax 24 22 54 75, Metro: Náměstí Republiky (B)*

Praha **(104/B 3)**
Opulenter Komplex in Flughafennähe, diente früher der Nomenklatura als beliebte Unterkunft. Luxusausstattung. *124 Zi., Sušická 20, Tel. 24 34 11 11, Fax 24 31 12 18, Metro: Dejvická (A)*

President **(106/E 5)**
Das frühere Gewerkschaftshotel ist die etwas preiswertere Alternative zum benachbarten »Interconti«. *100 Zi., náměstí Curieových 100, Tel. 231 48 12, Fax 231 82 47, Metro: Staroměstská (A)*

Renaissance **(113/E 2)**
1993 gegenüber dem altehrwürdigen Masaryk-Bahnhof entstan-

Prager Luxushotels

Adria **(113/D 4)**
Unlängst komplett renoviertes Vier-Sterne-Hotel am Wenzelsplatz mit Feinschmeckerrestaurant und Cateringservice. *66 Zi., Václavské náměstí 26, Tel. 21 08 11 11, Fax 21 08 13 00, Metro: Můstek (A, B)*

Hilton **(107/D 4)**
1991 gebautes Vier-Sterne-Hotel mit künstlichen Brunnen im gläsernem Innenhof. *788 Zi., Pobřežní 1, Tel. 24 84 11 11, Fax 24 84 23 78, Metro: Florenc (B, C)*

Inter-Continental **(106/B 5)**
Luxushotel an der Moldau, mit beeindruckender Gästeliste und atemberaubendem Blick über die Altstadt. *364 Zi., náměstí Curieových 43/5, Tel. 24 88 11 11, Fax 24 81 12 16, Metro: Staroměstská (A)*

Palace **(113/E 3)**
Mit viel Gefühl eingerichtetes Jugendstil-Luxushotel in einer Seitengasse des historischen Zentrums. *124 Zi., Panská 12, Tel. 24 09 31 11, Fax 24 22 12 40, Metro: Můstek (A, B)*

dene üppige Vier-Sterne-Unterkunft. *315 Zi., V celnici 7, Tel. 21 82 21 00, Fax 21 82 22 00, Metro: Náměstí Republiky (B)*

Savoy **(104/C 5)**
Die noble Jugendstilherberge nahe der Burg avancierte mittlerweile zum Diplomaten-Hotel. Geräumige Lobby, kleine Bücherei. *61 Zi., Keplerová 6, Tel. 24 30 24 30, Fax 24 30 21 28, Straßenbahnhaltestelle Pohořelec ab Metrostation Hradčanská (A)*

HOTELS KATEGORIE 2

Preise zwischen 100 und 200 Mark für ein Doppelzimmer

Astra **(O)**
Komfortables Hotel im Vorort mit freundlichem Personal. *75 Zi., Mukařovská 18, Tel. 78 13 5 95, Fax 781 07 65, Metro: Skalka (C)*

Axa **(113/F 1)**
1932 erbaute, zweckmäßig eingerichtete Zwei-Sterne-Unterkunft unweit des Zentrums und mit einer guten Verkehrsanbindung. *135 Zi., Na poříčí 40, Tel. 24 81 25 80, Fax 24 21 44 89, Metro: Florenc (B, C)*

Coubertin **(108/C 1)**
Ruhiges Haus inmitten des riesigen Sportareals auf dem Strahov-Hügel. Ohne Auto schwer erreichbar. *32 Zi., Atletická 4, Tel. 35 28 51, Fax 20 51 32 08, Bus 176 ab Metrostation Karlovo náměstí (B)*

Duo Praha **(O)**
Komfortables Haus nahe der Ausfallstraße nach Sachsen. Unschöne Umgebung (Plattenbau-Siedlung), aber sehr netter Service. Ohne Auto schwer erreichbar. *578 Zi., Teplická 17, Tel. 66 13 11 11, Fax 83 88 01 52, zahlreiche Busverbindungen ab Metrostation Nádraži Holešovice (C)*

Evropa **(113/E 4)**
★ Seit 1905 begeistert das Jugendstil-Interieur des Zwei-Sterne-Hauses seine Gäste ge-

nauso wie das angegliederte Café im Wiener Stil. Auch Tscheciens Präsident Václav Havel kommt manchmal auf einen Kaffee vorbei. *63 Zi., Václavské náměstí 25, Tel. 24 22 81 17, Fax 24 22 45 44, Metro: Můstek (A, B)*

Golf **(O)**
Etwas betagtes, aber gemütliches Hotel an der Ausfallstraße nach Plzeň (Pilsen). Hieß früher »Motel Stop«. *120 Zi., Plzeňská 215a, Tel. 57 21 52 13, Fax 57 21 51 85, Straßenbahnhaltestelle Hotel Golf ab Metrostation Anděl (B)*

Hotel 16 **(110/B 3)**
Plüschiger Geheimtipp nahe der Innenstadt. Kleine Zimmer, großer Service. *20 Zi., Kateřinská 16, Tel. 29 13 13, Fax 29 13 13, Metro: Karlovo náměstí (B)*

Ibis **(107/F 4)**
Die Drei-Sterne-Unterkunft in der Nähe des Zentrums hieß früher »Karl-Inn«. Geräumiges Hotel mit Komfort. *208 Zi., Šaldova 54, Tel. 24 81 17 18, Fax 24 81 26 81, Metro: Křižíkova (B)*

ILF **(O)**
Ein Hotel von mittlerer Größe mit nettem Service in verkehrsgünstiger, aber nicht sehr schöner Lage. Dafür bietet es ab dem dritten Stock eine tolle Aussicht in Richtung Innenstadt. *128 Zi., Budějovická 15, Tel. 61 09 21 11, Fax 42 36 92, Metro: Budějovická (C)*

Kafka **(107/E 6)**
Das bodenständige Hotel und das Grab des namenstiftenden Schriftstellers liegen im gleichen Stadtviertel, in Žižkov. Sonst sind jedoch in dem ruhig gelegenen Haus keine Hinweise auf Franz Kafka zu entdecken. *76 Zi., Cimburkova 24, Tel. und Fax 27 31 01, Straßenbahnhaltestelle Lipanská ab Metrostation Hlávní nádraží (C)*

Blick auf den Innenhof des luxuriösen Vier-Sterne-Hotels Hilton

Kampa **(109/E 1)**
Traumhafte Lage und gemütliche Zimmer: Das ruhige Haus auf der Moldauhalbinsel ist unverständlicherweise kaum bekannt. *68 Zi., Všehrdova 16, Tel. 57 32 04 04, Fax 57 32 02 62, Straßenbahnhaltestelle Újezd ab Metrostation Národní třída (B)*

Meteor Plaza
Das bequem am Rand der Innenstadt stehende Haus, das zur »Best-Western«-Kette gehört, verfügt sogar über ein eigenes Casino. *84 Zi., Hybernská 6, Tel. 24 19 21 30, Fax 24 21 30 05, Metro: Náměstí Republiky (B)*

Opera **(113/F 1)**
★ Das älteste Hotel in Prag (seit 1890) lässt sich seine Jahre kaum anmerken. Wohltuend normale Atmosphäre. Und: Haustiere willkommen! *59 Zi., Těšnov 13, Tel. 231 56 09, Fax 231 14 77, Metro: Florenc (B, C)*

Pyramida **(104/C 6)**
Geschmackvoll eingerichtetes Hotel hinter der Burg. Der Architekt war offenbar ein Freund ägyptischer Formen. *298 Zi., Bělohorská 24, Tel. 333 51 09, Fax 33 35 61 59, Straßenbahnhaltestelle Hládkov ab Metrostation Hradčanská (A)*

Sax **(105/E 5)**
Bequeme Unterkunft im Botschaftsviertel der Kleinseite. *Jánský vršek 328, Tel. 53 84 22, Fax 53 84 98, Metro: Malostranská (A)*

U Medvídků **(112/C 4)**
Unscheinbares Haus im Zentrum der Stadt. Netter Service, unten auch Restaurant. Oft ausgebucht. *20 Zi., Na Perštyně 7, Tel. 24 21 19 16, Fax 24 22 09 30, Metro: Národní třída (B)*

Union **(107/E 6)**
Unauffällig duckt sich das komfortable Hotel unter die gewaltige Nuslebrücke. Die kleinen Zimmer verfügen über eine üppige Minibar. Parkplatz vor dem Haus, zahlreiche Gaststätten befinden sich in unmittelbarer Nähe. *57 Zi., Ostrčilovo náměstí 4, Tel. 61 21 48 12, Fax 61 21 48 20, Straßenbahnhaltestelle Ostrčilovo náměstí ab Metrostation Karlovo náměstí (B)*

HOTELS KATEGORIE 3

Preise unter 100 Mark für ein Doppelzimmer

Alexandra **(O)**
Das naturnah im Norden der Stadt gelegene Hotel ist vor allem bei Ausflüglern beliebt. *29 Zi., Nádraži 1640, Tel. 20 91 02 91, Fax 20 91 19 20, Bus ab Metrostation Nádraži Holešovice (C)*

Balkán **(109/F 3)**
Günstiges Haus in Moldaunähe. Wegen der stark befahrenen Straße um ein Zimmer zum Hof bitten. *28 Zi., Svornosti 28, Tel. 54 07 77, Fax 54 06 70, Metro: Anděl (B)*

Beránek **(110/C 2)**
Sauberes Hotel mit guter Verkehrsanbindung im Zentrum. Die Zimmer sind allerdings recht eng. *15 Zi., Bělehradská 110, Tel. 25 45 44, kein Fax, Metro: I. P. Pavlova (C)*

Botel Albatros **(106/C 4)**
Hotelboot und Restaurant in einem: Eher zweckmäßig als ro-

mantisch, aber freundlich und günstig gelegen. *77 Kabinen, nábřeží Ludvíka Svobody, Tel. 24 81 05 47, Fax 24 81 12 14, Metro: Náměsti Republiky (B)*

Brno **(107/E 4)**
Die ehemalige Pension für Gewerkschaftler ist ein kostengünstiger Tipp nahe des Zentrums. Metrostation direkt vor dem Haus. *81 Zi., Thámova 26, Tel. 24 81 18 88, Fax 24 81 04 32, Metro: Křižíková (B)*

Central **(113/D 1)**
Zentral gelegene Unterkunft ohne großen Komfort, aber sauber und erstaunlich günstig. *50 Zi., Rybná 8, Tel. 232 43 51, Fax 23 22 84 04, Metro: Náměstí Republiky (B)*

Kolej Strahov **(109/D 1)**
Im Schatten des gigantischen Spartakiadestadions auf dem Strahov-Hügel sind mehrere ehemalige Athletenunterkünfte zu preiswerten Pensionen umgebaut worden. *Vaníčkova 5, Tel. 52 73 44, Fax 52 73 43, Bus 217 ab Metrostation Dejvická (A), Haltestelle Kolej*

Lída **(110/C 5)**
Großzügige Zimmer in einer Gründerzeitvilla mit nettem Familienservice. *15 Zi., Lopatecká 26, Tel. und Fax 61 21 47 66, Metro: Pražského povstání (C)*

Ostrov **(112/A 4)**
Das Jugendhotel steht auf der Schützeninsel *(Střelecký ostrov)* und ist über die »Brücke der Legionäre« *(most Legií)* zu erreichen. Saubere, einfache Zimmer, allerdings nur Saisonbetrieb (Mai bis August). *17 Zi., Střelecký ostrov,*

Fassade einer Pension in der Altstadt

Tel. 24 91 01 88, kein Fax, Metro: Národní třída (B)

Sol **(O)**
Das geräumige, allerdings etwas abgelegene Hotel ist vor allem als Unterkunft für größere Gruppen ideal. *245 Zi., Olštýnská 607, Tel. 854 09 20, Fax 855 19 89, Metro: Budějovická (C)*

Tourist **(108/B 5)**
Einfaches, aber sauberes Hotel für Gäste, die keine besonderen Ansprüche stellen. Sehr zuvorkommende Bedienung. *50 Zi., Peroutková 531, Tel. 52 96 20 62, Fax 52 96 22 47, Bus 137 ab Metrostation Anděl (B), Haltestelle Na Farkaně*

Traveller's Hostel **(112/C 3)**
Zentral gelegenes Jugendhotel mit Gemeinschaftsräumen, in dem vornehmlich Rucksackreisende absteigen. *15 Zi., Husova 3, Tel. 24 21 53 26, kein Fax, Metro: Staroměstská (A)*

Prager Kalender

Im Frühling lockt das Theater, im Sommer wachsen die Hinterhöfe zum Konzertsaal, und auch in den kühlen Jahreszeiten kann man viele Veranstaltungen wärmstens empfehlen

Kafka und Hrabal, Dvořák und Smetana, Mozart und Mucha: In Prag waren immer schon Künstler von Weltrang zu Gast, und jedes Jahr werden es mehr – anlässlich der vielen Festivals, die in der Stadt gefeiert werden. Das Jahr 2000 bringt dabei noch etwas Besonderes mit sich: Prag ist eine der sieben »Kulturstädte Europas« und bietet den Besuchern ein Extraprogramm.

Die meisten Festivals haben eindeutig einen musikalischen Hintergrund. Außer den *Jazztagen*, die im April in mehreren Klubs veranstaltet werden, findet vor allem der *Prager Frühling* Aufmerksamkeit. Internationale Stars geben sich alljährlich von Mitte Mai bis Anfang Juni ein Stelldichein. Die Galaauftritte finden dabei im Repräsentationshaus statt, und wer dabei sein will, muss sich sputen: Die Konzerte sind oft lange vorher ausverkauft.

Etabliert hat sich auch die *Buchmesse*, die Jahr für Jahr mehr Besucher in die Moldaumetropole lockt. Während der dreitägigen Veranstaltung präsentiert sich jedes Jahr ein anderes Land mit zahlreichen Autoren einem interessierten Fachpublikum.

Tschechische Folkloregruppe auf dem Wenzelsplatz

Schon während der kommunistischen Ära fanden in Prag Wirtschaftsmessen statt. Und schon damals waren sie nach Aussagen von Experten weniger langweilig als sonstwo im Ostblock. Vielleicht lag das an den wunderschönen Hallen, die die Stadt zu bieten hat. Ein Schmuckstück im Jugendstil ist zweifellos das Ausstellungsgelände *Výstaviště* in Holešovice, neben dem das Kongresszentrum in Pankrác misslungen wirkt.

Sportfans kommen übrigens auch auf ihre Kosten. In Prag werden vor allem im Fußball und Eishockey Spitzenleistungen geboten. In beiden Sportarten ist die Hauptstadt gleich mehrfach in der jeweiligen obersten Spielklasse vertreten. Auch Länderspiele finden hier oft statt. Die Eintrittspreise sind äußerst niedrig, und eigentlich nie kommt es zu gewalttätigen Auseinandersetzungen.

FEIERTAGE

1. Januar; Ostermontag; 1. Mai; 8. Mai *(Ende des Zweiten Weltkriegs)*; 5. Juli *(Tag der slawischen Apostel*

MARCO POLO TIPPS FÜR VERANSTALTUNGEN

1 Prager Frühling
Beste Zensuren für das Festival der Noten (Seite 72)

2 Theaterfestival in deutscher Sprache
Provokantes und Klassisches (Seite 73)

3 Matthäus-Kirmes
Bietet Karussells und mehr für Alt und Jung (Seite 72)

4 Prager Buchmesse
Kultur, sehr vielseitig (Seite 72)

Kyrillos und Methodios); 6. Juli *(Tag der Verbrennung des Predigers Jan Hus in Konstanz 1415);* 28. Oktober *(Gründungstag der Tschechoslowakischen Republik 1918);* 24.–26. Dezember

BESONDERE VERANSTALTUNGEN

Januar

Neujahrskonzert: Gleichgute Auftritte an verschiedenen Orten über den 1. Januar verteilt. Insider schwören auf das Konzert der Philharmoniker. *Rudolfinum, Metro: Staroměstská (A)*

Prager Winter: Musik- und Theaterfestival mit internationalen Ensembles. *Rudolfinum, Metro: Staroměstská (A)*

Februar

Holiday World: Große Prager Freizeitmesse mit zahlreichen Aktionen auf dem Ausstellungsgelände *Výstaviště, Metro: Nádraží Holešovice (C)*

März

★ *Matthäus-Kirmes:* Prags ältester Rummelplatz mit Karussells und Schießbuden. Auf dem Ausstellungsgelände *Výstaviště, Metro: Nádraží Holešovice (C)*

Festival zeitgenössischer Musik: Konzerte einheimischer Spitzenmusiker. *Obecní dům, Metro: Náměstí Republiky (B)*

April

Mozart Open: Kleinere Veranstaltungsreihe mit eher unbekannten Werken des Meisters. *Villa Bertramka, Metro: Anděl (B)*

Internationales Jazz-Festival: Gewinnt wegen der Teilnahme von internationalen Künstlern an Ansehen. *Lucerna, Metro: Můstek (A, B)*

Mai

★ *Prager Frühling:* Anlässlich dieses klassischen Musikfestivals gastieren von Mitte Mai bis Mitte Juni ausländische Musiker in Prag. Eintrittskarten sind bedauerlicherweise rar, daher empfiehlt sich, sie frühzeitig zu besorgen. *Obecní dům, Metro: Náměstí Republiky (B)*

★ *Prager Buchmesse:* Alljährlich Mitte Mai präsentieren Verlage aus vielen Ländern ihre Neuerscheinungen. Obwohl erst wenige Jahre alt, hat sich die Veranstaltung bereits etabliert. Ausstellungsgelände *Výstaviště, Metro: Nádraží Holešovice (C)*

Juni

Dance Prague: eine ambitionierte Präsentation von zeitgenössischem Tanz. *Divadlo Archa, Metro: Florenc (B, C)*

Juli

Folklorefestival: Musik- und Tanzgruppen aus Böhmen, Mähren und Schlesien treten an verschiedenen Orten der Stadt auf. *Besonders Wenzelsplatz und Altstädter Ring, Metro: Staroměstská (A), Můstek (A, B)*

Internationales Filmfestival: Stars und Streifen jedes Jahr im westböhmischen Kurbad *Karlovy Vary (Karlsbad)*

August

Verdi-Festival: Dreiwöchige Werkschau des italienischen Genies. *Státní opera, Metro: Muzeum (A, C)*

September

Prager Herbst: Musik- und Theaterfestival mit internationalen Ensembles. *Rudolfinum, Metro: Staroměstská (A)*

Oktober

Europäische Filmtage: Retrospektiven und alternative Festivalbeiträge. *U hradeb, Metro: Malostranská (A)*

Forum 2000: Zu einer dreitägigen Diskussionsveranstaltung treffen sich Künstler, Politiker und Wissenschaftler aus aller Welt in Prag. *Hradschin, Metro: Hradčanská (A)*

November

★ *Theaterfestival in deutscher Sprache:* Ein Dutzend Bühnen präsentieren neben zeitgenössischen und manchmal provozierenden Stücken auch bekannte und bewährte Klassiker aus Deutschland, Österreich und der Schweiz. *Divadlo na Vinohradech, Metro: Náměstí Míru (A)*

Dezember

Weihnachtsmarkt: Budenzauber mit Glühwein und Handwerkskunst. *Staroměstské náměstí, Metro: Staroměstská (A)*

Silvesterfeuerwerk: Zehntausende Menschen aus dem In- und Ausland feiern bis an die Grenze der Ausgelassenheit. Nichts für Romantiker! *Karlův most, Metro: Staroměstská (A)*

Das ganze Jahr

Zwei bis vier Fußball-Erstligisten hat Prag jede Saison. An jedem Wochenende findet also mindestens ein Heimspiel statt. Besonders sehenswerte Begegnungen sind erfahrungsgemäß das Derby Slavia gegen Sparta sowie die Spiele von Außenseiter Viktoria Žižkov. *Seifertová, Metro: Hlavní nádraží (C)*

Die Marco Polo Bitte

Marco Polo war der erste Weltreisende. Er reiste in friedlicher Absicht, verband Ost und West. Er wollte die Welt entdecken, fremde Kulturen kennen lernen, nicht zerstören. Könnte er heute für uns Reisende nicht Vorbild sein? Aufgeschlossen und friedlich sollte unsere Haltung auf Reisen sein. Dazu gehören auch Respekt vor Mensch und Tier und die Bewahrung der Umwelt.

WWF

Am Abend gehen wir aus

Polka und Pantomime, Pasta und Projektionen: Das Kulturprogramm hat Prag mittlerweile den Ruf eines »Paris des Ostens« eingebracht

Mit dem Beginn von Demokratie und Marktwirtschaft vergrößerte sich 1989 auch das Freizeitangebot in der Moldaumetropole. Geradezu lawinenartig entstanden in kurzer Zeit Kneipen, Clubs und Kabaretts. Und mit der Zahl der Etablissements stieg auch das Niveau, denn Konkurrenz belebt das Geschäft. So können Pragbesucher heute aus einem reichhaltigen Angebot an Möglichkeiten für ein Abendvergnügen wählen.

Spätestens, seit US-Präsident Bill Clinton im Januar 1994 im Reduta-Club Saxophon spielte, gilt Prag als europäische *Jazz-Metropole.* Kenner schwören auf Konzerte von Flötenvirtuose Jiří Stivín, Big-Band-Leader Milan Svoboda und Allrounder Karel Ruzičká – einer der Herren spielt immer in Prag.

Längst steht die Moldaustadt auch auf den Tourneelisten internationaler Stars. Auftritte von Bob Dylan, den Rolling Stones oder Eros Ramazotti sind keine Seltenheit, und die Eintrittskarten sind deutlich billiger als zu Hause. Aber auch, wenn Sie lieber klassische Musik hören, werden Sie nicht enttäuscht werden. Die Konzerte in den Kirchen der Altstadt haben eine besondere Atmosphäre, und die Auftritte der hervorragend ausgebildeten Philharmoniker sind ein Genuss. In den Theatern und Opernhäusern geben in der Hauptsaison viele Ensembles auch Vorstellungen in deutscher oder englischer Sprache.

Viele Pragreisende schätzen vor oder nach dem Konzertbesuch (manche auch anstelle desselben) eine kurze Auszeit in einer der zahlreichen Kneipen und Gaststätten. Bier ist so etwas wie eine Religion in Prag, immerhin hält das Land den Weltrekord im Pro-Kopf-Verbrauch (etwa 160 Liter jährlich). In den knapp tausend Bierstuben der Hauptstadt tobt seit Jahrzehnten ein Kampf zwischen dem in Prag gebrauten Gerstensaft und dem Bier aus Pilsen. Wahr ist: Beides schmeckt, und zwar am besten frisch gezapft.

Das Prager Nationaltheater hat seinen Klassiker: Regelmäßig werden hier Smetana-Opern aufgeführt

MARCO POLO TIPPS FÜR DEN ABEND

1 **Laterna magica**
Marktführer in Sachen Multimedia (Seite 83)

2 **Rudolfinum**
Exzellente Klangkörper in perfekter Akustik (Seite 79)

3 **U zlatého tygra**
Im »Goldenen Tiger« stillt der böhmische Löwe seinen Durst (Seite 82)

4 **Malostranská beseda**
Ein Begegnungszentrum besonderer Art (Seite 79)

5 **Radost FX**
Der östlichste Club der USA liegt in Prag (Seite 76)

6 **U dvou koček**
Prager Gemütlichkeit ohne Klischees (Seite 82)

7 **Reduta**
Wo der Jazz das Licht der Moldaustadt erblickte (Seite 79)

8 **Roxy**
Das Kulturlabyrinth bietet für jeden etwas (Seite 77)

9 **U Fleků**
Weltbekannte Bierschwemme mit Verbrüderungsgarantie (Seite 82)

10 **Lucerna**
Nostalgisches Lichtspielhaus (Seite 78)

DISKOS/TANZEN

Akropolis **(111/E 1)**
Alternativ und angenehm ungezwungen: Unten wird getanzt, oben lockt die lange Speisekarte einer kunstvoll eingerichteten Kneipe. *Tgl. 18–1 Uhr, Kubelíková 27, Tel. 22 71 22 87, Metro: Jiřího z Poděbrad (A)*

Lávka **(112/B 3)**
Stadtbekannte Singles wiegen sich mit Blick auf die Karlsbrücke zu internationalen Hits. Wer nicht gut aussieht, sollte wenigstens gut tanzen können. Im Sommer mit Terrasse. *Tgl. 21–5 Uhr, Novotného lávka, Tel. 24 21 47 97, Metro: Staroměstská (A)*

Lucerna Music Bar **(113/D 4)**
Der Keller des Lucerna-Palastes bietet vom Techno-Inferno bis zum Tanztee alles. Ein Klassiker ist die am Samstagabend stattfindende »80er-Jahre-Disko«. *Tgl. 20–3 Uhr, Štěpánska 61, Tel. 24 21 71 08, Metro: Můstek (A, B)*

Music Club Futurum **(109/F 3)**
Techno- und Independent-Musik, meist jüngeres Publikum. *Tgl. 19–3 Uhr, Zborovská 7, Tel. 54 44 75, Metro: Anděl (B)*

Musicpark **(111/D 2)**
Die größte Diskothek der Hauptstadt, mit Restaurant und Spielcasino. Manchmal werden Mottoparties veranstaltet. *Di–So 21–5 Uhr, Francouzská 4, Tel. 691 14 91, Metro: Náměstí Míru (A)*

Radost FX
(Freude & Effekte) **(113/F 6)**
Die einen lieben, die anderen hassen den seinerzeit ersten US-Klub in Prag. Legendäres Brunch-Angebot, im Hinterzim-

mer auch Galerie. Kaum Tschechen, aber immer proppevoll: »Das Radost war vor allen da und wird auch nach allen da sein.« *Tgl. 11–3 Uhr, Bělehradská 120, Tel. 25 12 10, Metro: I. P. Pavlova (C)*

Roxy **(113/D 1)**
★ ⊛ Das ehemalige Kino ist gerade erneut zum beliebtesten Klub des Jahres gewählt worden. Das Labyrinth mit der durchdachten Ausstattung präsentiert ein reichhaltiges Kulturprogramm, von Konzerten bis Kultfilmen. *Tgl. 19–2 Uhr, Dlouhá třída 33, Tel. 24 81 09 51, Metro: Náměstí Republiky (B)*

Rýnek **(112/C 3)**
Der Dinosaurier der Prager Diskos: Im früheren »Arena« tanzten schon die Eltern der heutigen Gäste. Der unterirdische Club mit den Spiegelbällen und Ledergarnituren hat noch etwas vom Tanzfieber der 70er-Jahre. *Tgl. 20–2 Uhr, Melantrichova 5, Tel. 24 21 25 73, Metro: Můstek (A, B)*

Swamp (Sumpf) **(109/E 1)**
Kleiner, lauter Geheimtip auf der Kleinseite. Vorwiegend Techno, fast nur Teenager. *Tgl. 18–2 Uhr, Újezd 5, Tel. 53 00 02, Straßenbahnhaltestelle Újezd ab Metrostation Anděl (B)*

Tovární hala (Fertigungshalle) **(107/E 4)**
In der ehemaligen Werkhalle für Straßenbahnbau hat Lärm Tradition. Der krachneue Klub ist derzeit absolut in. *Tgl. 19–3 Uhr, Křižíkova 38, Tel. 24 61 75 85, Metro: Křižíkova (B)*

KINOS

Aero **(O)**
Kunst und Kneipe statt Kommerz: In dem kleinen Saal werden oft Klassiker der Filmgeschichte im Original gezeigt. *Biskupcova 31, Tel. 89 36 01, Straßenbahnhaltestelle Biskupcova ab Metrostation Hlavní nádraží (C)*

Cinema Broadway **(113/D 2)**
Großkino mit mehreren Sälen und Polsterausstattung, oft werden Originalfilme mit tschechischen Untertiteln gezeigt. *Na příkopě 31, Tel. 24 23 70 42, Metro: Náměstí Republiky (B)*

Französisches Kulturinstitut **(113/D 5)**
Das unscheinbare Reihenhaus hat ein komfortables Kino im Keller. Nicht nur Anhänger französischer Regisseure kommen bei den Filmreihen auf ihre Kosten. *Štěpánská 644/35, Tel. 24 23 85 74, Metro: Muzeum (A, C)*

Kindheitserinnerung

Lange vor *pivo* (Bier) haben wir das tschechische Wort *konec* (Ende) gelernt, das uns am Schluss der Kinderfilme aus der ČSSR erwartete. Pan Tau und Arabella, der kleine Maulwurf und Luzie, der Schrecken der Straße, waren uns gute Freunde und dem Regime in Prag exzellente Devisenbringer. Heute sind die Helden der Kindheit tot, und die Barrandov-Filmstudios verdienen ihr Geld mit der Herstellung internationaler Großproduktionen – mit dem tschechischen Kinderfilm ist erst einmal *konec*.

Galaxie (O)
Hochfrequentiertes Multikino inmitten einer Plattenbausiedlung. Aktuelles Angebot, häufig in der Originalversion. *Arkalycká 1, Tel. 96 14 14 14, Metro: Háje (C)*

Goethe-Institut (112/B 5)
Das Haus an der Moldau, früher einmal Botschaft der DDR, führt gelegentlich Repräsentatives aus Deutschland vor. *Masarykovo nábřeží 32, Tel. 21 96 21 11, Metro: Národní třída (B)*

Illusion (111/D 2)
Schöner Name, gutes Programm: Hier laufen osteuropäische Filme oft in Englisch oder Französisch. *Vinohradská 48, Tel. 25 02 60, Metro: Náměstí Míru (A)*

Lucerna (113/D 4)
★ Ewig lockt der Klappstuhl: In diesem architektonischen Kleinod fällt es schwer, sich allein auf den Film zu konzentrieren. *Vodičkova 36, Tel. 24 21 69 72, Metro: Můstek (A, B)*

64 U Hradeb (105/E 5)
Der Prager liebstes Kino ist oft Schauplatz von Festivals, der brunnenbestückte Innenhof erinnert an Italien oder Südfrankreich. *Mostecká 21, Tel. 53 50 06, Straßenbahnhaltestelle Malostranské náměstí ab Metrostation Malostranská (A)*

KONZERTE

Atrium na Žižkově (Atrium in Žižkov) (111/E 1)
In dem unscheinbaren Gebäude im Prager Stadtteil Žižkov spielen Könner für Kenner: Kleine, renommierte Orchester interpretieren klassische und barocke Werke internationaler und tschechischer Künstler. Die Veranstaltungen beginnen um 19.30 Uhr. *Čajkovského 12, Tel. 627 04 53, Metro: Jiřího z Poděbrad (A)*

Chram sv. Mikuláš (112/C 2)
In der Niklas-Kirche veranstaltet die Hussiten-Gemeinde täglich Klassikkonzerte. Die Veranstaltungen beginnen um 16, 18 oder 19 Uhr. *Staroměstská náměstí, Tel. 232 25 89, Metro: Staroměstská (A)*

Dům U kamenného zvonu (113/D 2)
Im »Haus zur Steinernen Glocke« gastieren sowohl Flamencogruppen als auch Kammermusik-Ensembles. Die Konzerte beginnen meist um 19.30 Uhr. *Staroměstské náměstí 13, Tel. 232 76 77, Metro: Staroměstská (A)*

Křižíkova fontána (Křižík-Fontäne) (106/C 2)
Auf dem Ausstellungsgelände im Stadtteil Holešovice wird vor amphitheaterartiger Tribüne ein beliebtes Multimedia-Spektakel geboten: Dutzende Fontänen und ein ausgetüfteltes Scheinwerferspiel begleiten klassische und moderne Musik. Bei kühlen Abenden warme Kleidung und Decke nicht vergessen. *Výstaviště, Tel. 20 10 33 80, Straßenbahnhaltestelle Výstaviště ab Metrostation Nádraži Holešovice (C)*

Obecní dům (113/E 2)
Der prunkvolle Smetana-Saal des Gemeindehauses ist die Heimat der Prager Symphoniker. Die Konzerte beginnen hier meistens um 19.30 Uhr. Exzellente Akustik. *náměstí Republiky 5, Tel. 232 25 01, Metro: Náměstí Republiky (B)*

Bühne des Smetana-Saals im Gemeindehaus

Rudolfinum (112/B 1)
★ In dem atemberaubenden Gebäude ist die tschechische Philharmonie beheimatet. Die Konzerte beginnen meist um 19.30 Uhr. *Alšovo nábřeží 12, Tel. 24 89 31 11, Metro: Staroměstská (A)*

LIVEMUSIK

Agharta (113/E 5)
Intime Club-Atmosphäre à la Manhattan und Chelsea in einer Seitenstraße des Wenzelsplatzes. *Tgl. ab 21 Uhr, Krakovská 5, Tel. 22 21 12 75, Metro: Muzeum (A, C)*

Jazz Club Železná (113/D 2)
Der von ausländischen Besuchern vielfrequentierte Klub wechselt zwischen traditionellem Dixie und wildem Freejazz. *Tgl. ab 20.30 Uhr, Železná 16, Tel. 24 21 25 41, Metro: Můstek (A, B)*

Malostranská beseda (Kleinseitner Treffpunkt) (105/E 5)
★ ✪ ☥ Wunderbarer Klub mit Kneipe und Konzertsaal. Wohltuende Mischung aus Einheimischen und Ausländern. *Tgl. ab 20 Uhr, Malostranské náměstí 21, Tel. 53 90 24, Straßenbahnhaltestelle Malostranské náměstí ab Metrostation Malostranská (A)*

Reduta (112/C 4)
★ Renommierte Keimzelle des Prager Jazz, heute allerdings selten experimentell. Bill Clinton blies hier 1994 in sein Saxophon. *Tgl. ab 21 Uhr, schließt spät, Národní třída 20, Tel. 24 91 22 46, Metro: Národní třída (B)*

Rock Café (112/C 4)
☥ In dem vielräumigen Klub reiten tschechische Amateurbands auf der Revivalwelle. Meist jugendliches Publikum und Touristen. *Tgl. ab 20 Uhr, Národní třída 20, Tel. 24 91 44 14, Metro: Národní třída (B)*

Rock Club Újezd (109/E 1)
☥ Das vierstöckige Gebäude war 1990 das erste besetzte Haus Prags. Heute sind Kneipe und

Klarinettist auf der Karlsbrücke

Café etabliert, aber alles andere als angepasst. *Tgl. ab 21 Uhr, Újezd 18, Tel. 53 83 62, Straßenbahnhaltestelle Újezd ab Metrostation Malostranská (B)*

U Malého Glena
(Zum kleinen Glenn) (105/E 5)
Unten Club, oben Kneipe. Vorwiegend junges Laufpublikum kommt hierher, kaum Einheimische zählen zu den Gästen. *Tgl. ab 21 Uhr, Karmelitská 23, Tel. 535 81 15, Straßenbahnhaltestelle Malostranské náměstí ab Metrostation Malostranská (A)*

U Staré Paní
(Zur alten Frau) (112/C 3)
Präsentiert oft experimentellen und alternativen Jazz. Insider loben das Programm. *Tgl. ab 21, Michalská 9, Tel. 26 49 20, Metro: Můstek (A, B)*

Viola (112/C 4)
Hier gehen die Einheimischen zum Jazz-Hören und Träumen hin. Gelegentlich wird auch Kleinkunst geboten. *Tgl. ab 20 Uhr, Národní třída 7, Tel. 24 22 95 93, Metro: Národní třída (B)*

MUSICALS

(Aktuelles Programm bitte der Tagespresse entnehmen)

Divadlo Milénium
(Theater Millennium) (107/E 3)
Alles riecht noch ganz frisch wie in einem neuen Auto: Das Haus in Holešovice wurde erst 1999 eröffnet. Geboten wird das Beste vom Besten: Tolle tschechische Schauspieler führen auf hochmoderner Bühne die legendäre Geschichte der Nixen-Jungfrau Rusalka auf. Die Kostüme für das urtschechische Stück kommen vom Oscar-prämierten Schneider des Mozart-Films »Amadeus«, Theodor Pištěk. Die Regisseure des Musicals haben den historischen Opernstoff von Antonín Dvořák behutsam mit modernen Teilen ergänzt. Nach anfänglicher Skepsis hat das Werk mittlerweile seine Fangemeinde gefunden. *Bubenské nábřeží 13/306, Tel. 10 67, Straßenbahnhaltestelle Pražská tržnice ab Metrostation Vltavská (C)*

Divadlo Spirála
(Theater Spirale) (106/C 2)
Die Bühne des Neubaus ist wegen der amphitheaterähnlichen Einrichtung von allen Seiten gut einsehbar. *Tgl. mehrere Vorstellungen, Výstaviště, Tel. 20 10 33 80, Straßenbahn 12, 5, Haltestelle Výstaviště ab Metrostation Nádraži Holešovice (C)*

Kongresové centrum
(Kongresszentrum) (110/C 5)
Der ehemalige Kulturpalast, im Volksmund »Weißer Wal« ge-

nannt, wurde vom kommunistischen Regime mit viel Glas und Beton unsensibel auf einen Moldauhügel geklotzt. *Tgl. mehrere Vorstellungen, Ulice 5.května 65, Tel. 61 17 27 11, Metro: Vyšehrad (C)*

SZENETREFFS/KNEIPEN

Café Na Půl Cesty (Auf halbem Weg) **(111/D 6)**
Ein international viel beachtetes Projekt mit Konzerten und Ausstellungen: Die Gaststätte wird vom Zentrum für geistig Behinderte betrieben. *Tgl. 11–23 Uhr, Centralní park na Pankráci (Park bei Metrostation Pankrác, Linie C), Tel. 90 05 26 15*

La Casa Blů (Das blaue Haus) **(113/D 1)**
Ein Stück Südamerika in Prag, von Exilanten und Studenten der ehemaligen Bruderländer eröffnet. Gemütlicher Treff mit Wohnzimmer-Charakter. Bemerkenswertes Rum-Angebot. *Tgl. 18–24 Uhr, Kozí 15, Tel. 24 81 82 70, Metro: Staroměstská (A)*

Jáma (Höhle) **(113/D 5)**
Rock-Kneipe im besseren Sinn, Plakate ergänzen das Ambiente. *Tgl. 11–2 Uhr, V jámě 7, Tel. 24 22 23 83, Metro: Můstek (A, B)*

Jamajka **(109/E 3)**
Die Jugendkneipe ist ein sehenswertes Stück Kiezleben in Smíchov, einem der lebendigsten Stadtteile Prags. Zum Bier unbedingt eingelegten Käse oder Toast probieren. *Tgl. 18–24 Uhr, Staropramenná 23, Tel. 54 91 84, Metro: Anděl (B)*

James Joyce **(112/C 3)**
Ein gemütlicher Irish-Pub, benannt nach dem berühmten Schriftsteller von der grünen Insel (1882–1941). *Tgl. 16–2 Uhr, Liliova 10, Tel. 24 24 87 93, Metro: Národní třída (B)*

Jo's Bar **(105/E 5)**
Legendärer Stopp für Nachtschwärmer auf der Kleinseite. Oben Kneipe, unten Rockclub. Einheimische allerdings rar. *Tgl. 11–3 Uhr, Malostranské náměstí 7, Tel. 53 12 51, Straßenbahnhaltestelle Malostranské náměstí ab Metrostation Malostranská (A)*

Rubin **(105/E 5)**
Am Wochenende ein Off-Theater, dazwischen ein echter Geheimtip mit Spelunken-Qualität. *Tgl. 18–1 Uhr, Malostranské náměstí 9, Tel. 90 00 19 05, Straßenbahnhaltestelle Malostranské náměstí ab Metrostation Malostranská (A)*

Steinerne Zeugen gibt es kaum

Die meisten Spuren hat die »Samtene Revolution« von 1989 in der tschechischen Gesellschaft hinterlassen – typische Schauplätze sucht man in Prag vergebens. Interessenten seien aber verwiesen auf die *massakr*-Erinnerungsplakette an der *Národní třída,* die im Durchgang beim Jazz-Club »Reduta« hängt. Hier knüppelte die Polizei am 17. November 1989 friedliche Studenten nieder. Ein authentischer Ort ist auch der Balkon des »Melantrich«-Verlagshauses am Wenzelsplatz. Von hier sprachen die Bürgerrechtler zu zehntausenden Demonstranten.

U Černého vola
(Beim roten Ochsen) (105/D 5)
Ein altes Lied schwört, dass »im Roten Ochsen die schönsten Mädchen sind«. Mit Sicherheit treffen sich in der Bierschwemme nahe der Burg die durstigsten Trinker. *Tgl. 10–22 Uhr, Loretánské náměstí 1, Tel. 20 51 34 81, Straßenbahnhaltestelle Pohořelec ab Metrostation Malostranská (A)*

U dvou koček
(Zu den zwei Kätzchen) (112/C 3)
★ Abteilartige Trennwände schaffen eine gemütliche Atmosphäre. Gute Speisekarte. »Kočky« spielt auf die nahe Sündenmeile in der Perlová-Straße an. *Tgl. 10–23 Uhr, Uhelný trh 10, Tel. 26 77 29, Metro: Můstek (A, B)*

U Fleků (Beim Fleck) (112/C 5)
★ Seit 500 Jahren eins der schönsten Lokale Prags. Eigene Schwarzbier-Brauerei. Im Sommer sind Trinkhalle und Biergarten oft überfüllt. Für Prager Verhältnisse eher teuer. *Tgl. 9–23 Uhr, Křemencova 11, Tel. 249 15 18, Straßenbahnhaltestelle Lazarská ab Metrostation Můstek (A, B)*

U kalicha (Beim Kelch) (110/C 2)
Hier verabredete sich Schwejk »um sechs Uhr nach'm Krieg«. Die berühmten Illustrationen von Josef Lada für das Buch von Jaroslav Hašek zieren die Wand. *Tgl. 11–23 Uhr, Na bojišti, Tel. 29 19 45, Metro: I. P. Pavlova (C)*

U svatého Tomáše
(Zum hl. Thomas) (105/E 5)
An dieser Stelle haben Augustinermönche bereits vor 650 Jahren Bier gebraut. An manchen Sommertagen reichhaltiges Angebot an Grillgerichten. *Tgl. 11.30–24 Uhr, Letenská 12, Tel. 57 32 01 01, Straßenbahnhaltestelle Malostranské náměstí ab Metrostation Malostranská (A)*

U zlatého tygra
(Zum goldenen Tiger) (112/C 3)
★ Beliebteste Kneipe der Innenstadt, einst Stammlokal des Schriftstellers Bohumil Hrabal (1914–97). *Tgl. 15–22.30 Uhr, Husova 17, Tel. 24 22 90 20, Metro: Staroměstská (A)*

THEATER

Divadlo Archa
(Theater Arche) (113/F 1)
Moderne Bühne, erfrischendes internationalen Angebot – mal renommiert, mal experimentell, immer sehenswert. *Na poříčí 26, Tel. 232 88 00, Metro: Florenc (B, C)*

Divadlo Na zábradlí
(Theater am Geländer) (112/B 3)
Die Hausbühne des Präsidenten: Hier wurden schon vor 1989 die absurden Havel-Stücke aufgeführt, und noch heute ist im Zuschauerraum stets ein Platz für den allerdings selten anwesenden Dramatiker reserviert. Im Foyer schöne Theaterkneipe. *Anenské náměstí 5, Tel. 24 22 09 20, Metro: Staroměstská (A)*

The Globe (106/C 2)
Das zylinderförmige, nach oben offene Gebäude ist eins von wenigen »Globe«-Theatern weltweit. Das Original steht als Shakespeare-Bühne in England. Das Prager Exemplar wurde erst 1999 eröffnet und ist vollkommen aus Holz, was die Akustik etwas verschlechtert. Die drei Zuschaueretagen laufen im Halbkreis um die Bühne und

Plakat der Schwarzlichtbühne Laterna Magica

sind nach dem ursprünglichen Vorbild primitiv gezimmerte Tribünen ohne jeglichen Komfort. Ab dem Frühjahr 2000 wollen renommierte Ensembles hier auch Shakespeare-Stücke in Englisch aufführen. *Výstaviště, Tel. 20 10 33 80, Straßenbahnhaltestelle Výstaviště von Metrostation Nádraži Holešovice (C)*

Laterna magica (Magische Laterne) **(112/B 4)**
★ Zwar hat das Schwarzlicht-Theater zahlreiche Konkurrenten bekommen, das Haus mit der originellen Fassade gilt aber immer noch als Nummer eins – zauberhafte Illusionen mit Schauspielkunst und Videotechnik. *Národní třída 4, Tel. 24 91 41 29, Metro: Národní třída (B)*

Národní divadlo (Nationaltheater) **(112/B 4)**
Das Nationaltheater brannte 1881 nach der Eröffnungsvorstellung völlig aus, wurde aber schon zwei Jahre später wieder in Betrieb genommen. In dem reich geschmückten Haus werden unter anderem die tschechischen Klassiker von Bedřich Smetana (»Die verkaufte Braut«) auch in internationaler Version mit großem Erfolg aufgeführt. Bei vielen Vorstellungen ist parallel zum Bühnengeschehen der deutsche Text auf einer Anzeigetafel zu sehen. *Národní třída, Tel. 24 91 34 37, Straßenbahnhaltestelle Národní divadlo ab Metrostation Národní třída (B)*

Říše Loutek (Marionettenreich) **(112/C 2)**
Mozarts Don Giovanni als Puppenoper ist mittlerweile selbst schon ein Klassiker. *Žatecká 1, Tel. 232 34 29, Metro: Staroměstská (A)*

Spejbl und Hurvínek **(105/E 3)**
Schon seit achtzig Jahren necken sich die Vater- und Sohn-Puppen, manchmal auch in deutschsprachigen Aufführungen. Oft ist das renommierte Theater jedoch auf Auslandstournee. *Dejvická 38, Tel. 312 12 41, Metro: Dejvická (A)*

Státní opera (Staatsoper) **(113/F 4)**
In der Staatsoper erklingen die Vorstellungen meist in den jeweiligen fremdsprachigen Originalversionen. *Wilsonova 4, Tel. 24 22 76 93, Metro: Muzeum (A, C)*

Stavovské divadlo (Ständetheater) **(113/D 3)**
Hier führte Mozart seinen »Don Giovanni« auf. Das Ständetheater gilt noch heute als Prags erste Mozart-Bühne; auch dieses Haus verfügt über eine Anzeigetafel, auf der oft die deutsche Übersetzung parallel zur Vorstellung mitläuft. *Ovocný trh 1, Tel. 24 21 43 39, Metro: Můstek (A, B)*

Wie man durch Häuser geht...

Die hier beschriebenen Spaziergänge sind in der Übersichtskarte auf dem hinteren Umschlag und im Cityatlas ab Seite 104 grün markiert

① DER NOSTALGISCHE HAUCH DER PRAGER PASSAGEN

Die auf mittelalterlichen Fundamenten ruhenden Bauten ziehen sich in die Tiefe und bieten Durchgänge von beträchtlicher Länge. Zwei Stunden sollte man für den Gang durch die engen Häuserfronten schon einplanen.

»Der Fremde geht durch Straßen, der autochthone Bürger benutzt das Durchhaus, wenn es ihm den Weg verkürzt, oder wenn er seiner Frau vom Lande mit dem Kennen großstädtischer Lokalgeographie imponieren will«, schrieb Egon Erwin Kisch 1920. Prag ist nicht gerade berühmt für seine Durchhäuser – wenige wissen von ihrer Existenz. Sicherlich standen bei der Entstehung die Passagen in Mailand oder Paris Pate, und vielleicht gibt es andernorts prunkvollere, aufwendigere Schneisen durch das urbane Dickicht. Doch die steinernen Adern der Moldaustadt sind besonders: bizarr in ihrer Antiquiertheit, mit dem nostalgischen Hauch vergangener Zeiten, beeindruckend durch Stilelemente verschiedener Epochen.

Der Ausgangspunkt für einen Spaziergang durch die Prager Mittelwelt liegt direkt am *Wenzelsplatz (S. 25)*: Es ist der Eingang zur *Lucerna-Passage (Štěpánská 61)*. Der erste Eisenbetonbau Prags wurde zwischen 1907 und 1921 von Václav Havel errichtet, dem Großvater des heutigen Präsidenten. Der Palast beherbergt in verzweigten Flügeln Kinos, Geschäfte und Gaststätten; im Souterrain befindet sich zudem ein Ballsaal, in dem Karel Gott seine Weihnachtskonzerte gibt. Am besten lässt sich das Treiben in der Passage durch die großen Scheiben des Lucerna-Cafés beobachten (im Vorraum des Kinos im ersten Stock). Für Technikliebhaber sei auf einen der letzten Prager Paternoster hingewiesen, gleich rechts am Eingang der Passage.

Verlässt man die Lucerna an der Vodičková-Straße, führt gleich gegenüber der Eingang in die *Světozor-Passage (Vodičková 39)*. Das konstruktivistische Haus wurde 1928 erbaut und erfreut sich wegen der originell eingerichteten Eisdiele *Světozor (S. 48)* großer Beliebtheit. In der Passage befindet sich auch ein Laden für Briefmarkensammler. Gleich um die Ecke liegt wie ein verborgenes Paradies der *Franziskanergarten.* In der 1950 angelegten Großstadtoase mit ihren statuengeschmückten Brunnen verbringen viele Prager ihre Mittagspause. Der Kiesweg führt am Fragment der gotischen *Maria-Schnee-Kirche (S. 19)* vorbei zum *Jungmannovo náměstí* (Jungmann-Platz).

Die Kirche war im Jahr 1379 begonnen worden und sollte dreischiffig mehr als 100 m lang sein. Damit hätte das Gotteshaus den heutigen Jungmannovo náměstí ganz eingenommen. Hinter der Statue des slawischen Philologen Josef Jungmann (1773–1847) vorbei, der dem Jungmannovo náměstí seinen Namen gab, geht es in die *Adria-Passage (Jungmannova 35).* Das spätkubistische Gebäude im Stil venezianischer Renaissancepaläste wurde 1924 als Sitz einer Versicherungsgesellschaft errichtet und enthält neben Geschäften ein exzellentes Restaurant mit Terrasse und ein Theater. Früher war hier das berühmte Schwarzlichttheater *Laterna magica (S. 83)* ansässig. Die Fassade schmücken Skulpturen und eine Sonnenuhr der renommierten Bildhauer Otto Gutfreund und Bohumil Kafka. Besonders auffällig ist die *Seefahrtsstatue* von Jan Štursa (1924). Das Adria-Palais erinnere an eine üppige Hochzeitstorte und bilde einen scharfen Kontrast zum funktionalistischen ARA-Haus gegenüber, schrieb ein Architekturführer einmal. Am Ausgang stößt man auf die *Národní třída* (Nationalstraße) und kehrt damit in den Trubel der Großstadt zurück. Doch nur 100 m die Straße hinunter, auf der Gegenseite, führt hinter dem Haus Nr. 35 ein schmaler Gang über den *Platýz-Hof* zum *Uhelný trh* (Kohlenmarkt). Das Platýz war Mitte des 13. Jhs. an der Stelle der Stadtmauer erbaut worden (Reste im Keller) und diente nach einem Umbau Mitte des 19. Jhs. als eins der ersten Mietshäuser Prags. 1846 trat hier auch Franz Liszt auf *(Gedenktafel am Tor zum Uhelný trh).* In der benachbarten Kirche *St. Martin an der Mauer* reichten Hussiten 1419 erstmals den Kelch mit Messwein auch den Gläubigen und stellten sich damit gegen die Kirche. Der Uhelný trh wurde erst im Winter 1998/99 nach umfangreichen Restaurierungen in seiner jetzigen Form eröffnet. Im Haus Nr. 420 wohnte 1787 Mozart *(Gedenktafel).* Aus seinem Fenster konnte der Meister die Köhlerei sehen, die bis 1807 in der Mitte des Platzes stand. Heute steht dort der *Wimmersche Brunnen.* Der Bildhauer F. X. Lederer schuf das klassizistische Werk mit Allegorien des Wein- und Gartenbaus 1797 für den Mäzen Jakob Wimmer, der es der Stadt schenkte. Nach der Umgestaltung der Národní třída stellte man den Brunnen 1951 hier auf. Am Uhelný trh endet der Spaziergang. Zum Entspannen bietet sich die nahe Bierkneipe *U dvou koček* (Zu den zwei Kätzchen) unter den Arkaden an. Und wer nun noch nicht genug hat von den Durchhäusern, der sei verwiesen auf die Jalta-Passage und das Koruna-Palais am Kopf und Fuß des Wenzelsplatzes.

② SCHON GANZ SCHÖN ALT: DIE NEUSTADT DES KAISERS

Seit Karl IV. diesen Stadtteil 1348 anlegte, ist einiges verändert worden. Geblieben ist jedoch eine Mischung aus Bürgerviertel und pompöser Wohnstatt statusbewusster Kaufleute – gut zu sehen in drei Stunden.

Die Zeitreise beginnt am *Museum (S. 37)* des Nationalkomponisten *Antonín Dvořák* (1841 bis 1904). Das barocke Lustschloss *(Ke Karlovu 20)* wurde 1712 von Kilian Ignaz Dientzenhofer entworfen und trägt den Namen »Amerika« – wegen der Zeit, die Dvořák am Konservatorium in New York verbrachte (1892–95). Das Museum zeigt das Arbeitszimmer Dvořáks mit zahlreichen Dokumenten.

Gleich um die Ecke *(Na bojišti)* steht eine Art Museum für einen anderen großen Prager: den braven Soldaten Schwejk. In der Bierstube *U kalicha* (Beim Kelch) zechte der brave Soldat Schwejk regelmäßig mit seinen Kumpanen. So zumindest will es der Autor Jaroslav Hašek in seinem Buch. Er war Stammgast im »Kelch«, dessen Wände die berühmten Schwejk-Illustrationen von Josef Lada zieren.

Folgt man der Kateřinská-Straße Richtung Moldau, durchquert man ein parkähnliches Krankenhausareal. Das Spätempiregebäude im Zentrum entstand 1787, in den folgenden Jahren wurde es um Gärten und Anbauten erweitert. Das Gelände ist heute so etwas wie eine »Stadt in der Stadt«.

Am Ende des eindrucksvollen Grundstücks steht Prags vielbesuchter *Botanischer Garten (Benátská 2)*. Hier finden entsprechend der Jahreszeiten Ausstellungen von blühenden Kaktusarten oder anderen Pflanzen und sogar von exotischen Vögeln statt. Das weitläufige Freigelände mit den zahlreichen Gewächshäusern besteht seit 1845 und ist der Nachfolger eines Gartens, den ein Botaniker aus Florenz auf Wunsch Karls IV. anlegte.

Auf dem kurzen Weg zur Moldau steht an der Svobodova-Straße der Bahnhof *Vyšehrad*. Die stillgelegte Station ist ein Musterbeispiel für Art déco und Prager Jugendstil.

Ein Stück moldauabwärts (*Rašínovo nábřeží*) ragt auf der rechten Seite das *Emmaus-Kloster* mit der anliegenden Kirche empor, die zu den bedeutendsten von Karl IV. errichteten Bauten gehört. Das Kloster war 1347 für slawische Benediktinermönche gegründet worden. In seinem Baustil spiegelt sich die ganze Geschichte der Neustadt: Zwischen 1636 und 1880 wurde das Kloster barockisiert und regotisiert, nach 1945 stattete man das Dach mit einer Schalenkonstruktion in Stahlbeton in Form gekreuzter Flügel aus – eine gewagte Lösung. Im Kreuzgang befinden sich gotische Wandmalereien.

Folgt man nun der Straße *Na Morán*, gelangt man schließlich zum Prunkstück der weitsichtigen Stadtplanung von Karl IV.: zum *Karlsplatz (S. 31)*. Der größte Platz Prags (350 mal 150 m) wurde lange Zeit als Viehmarkt genutzt und dient heute eher als Park. An der Südseite (Nr. 40) steht das *Fausthaus*, in dem der legendäre Doktor Faustus gewohnt haben soll.

③ DER PETŘÍN-HÜGEL: GRÜNER FLUCHTPUNKT FÜR STADTMÜDE

Früher beackerten die Prager auf dieser Erhebung Weinberge und Steinbrüche. Heute ist der Petřín ihr Lieblingsort für einen zweistündigen Sonntagsausflug.

Der Spaziergang beginnt am *Náměstí Kinských* (Kinský-Platz). Von dort führen hundertjährige Bäume zu einer ausgedehnten Rasenfläche, die bereits 1825 angelegt wurde. Am oberen Ende steht das *Kinský-Lustschloss*. Hinter diesem eindrucksvollen Empiregebäude erinnern eine wallachische Glockensäule und, ein Stück weiter im Park, eine Holzkirche an mährische Volkskunst.

Den Weg zum Gipfel des Hügels säumt die gotische *Hungermauer* aus dem Jahr 1360. Der Sage nach hat Karl IV. sie als Teil der Stadtbefestigung nach einer Missernte bauen lassen. Tausende von Hungernden, die als Lohn Lebensmittel aus königlichen Vorratskammern bekamen, wurden so gesättigt.

Vom 63,5 m hohen *Eiffeltürmchen* hat man einen fantastischen Blick über die Stadt. Die 1891 gebaute Eisenkonstruktion mit ihren 299 Stufen ist tatsächlich eine Kopie des Pariser Originals. Im gleichen Jahr wurde das benachbarte Spiegelkabinett angelegt. Darin befindet sich auch ein 90 qm großes, dreidimensionales Schaubild, das den Kampf der Prager Studenten gegen schwedische Truppen auf der *Karlsbrücke* *(S. 18)* 1648 zeigt.

Vom Kamm des 327 m hohen Petřín gibt es mehrere Abstiegsmöglichkeiten: entweder geht man an einem Kreuzweg vorbei in Richtung Vlašská-Straße, oder man folgt einem Spazierweg durch die Hungermauer zum *Růžový sad* (Rosengarten). Viele wählen jedoch die nahegelegene Zahnradbahn, die 511 m hinunter zur Straßenbahnstation Újezd führt. Jahrzehntelang war die futuristische Bahn mit dem etwas verstaubten Antrieb die einzige *Feniculair* der Stadt. Doch seit 1996 überwindet auch hinter dem Mövenpick-Hotel eine Zahnradbahn den Höhenunterschied. Die sanfte Fahrt vom *Petřín* *(S. 22)* ist ein Erlebnis, und der Blick aus der Kabine über die historische Altstadt wunderschön. Aber auch, wer den Abstieg in Richtung Vlašská-Straße wählt, wird mit einem Blick auf einen Ort der Geschichte belohnt. Am Fuße des Petřín-Hügels steht nämlich das Lobkowicz-Palais, in dem seit 1975 die deutsche Botschaft in Prag untergebracht ist. Im Herbst 1989 flüchteten sich tausende DDR-Bürger auf das Gelände und erreichten so ihre Ausreise. Unvergessen bleibt der Auftritt von Hans-Dietrich Genscher am 30. September 1989. Der damalige Bundesaußenminister verkündete vom hinteren Balkon den in einer Zeltstadt lebenden Flüchtlingen in einer bewegenden Ansprache ihre Ausreise-Erlaubnis. Im Garten der Botschaft erinnert ein Werk von David Černý daran: Der Prager Künstler schuf einen Trabi mit Beinen. Die deutsche Vertretung hat aber nicht erst 1989 als Anlaufpunkt für DDR-Bürger Schlagzeilen gemacht: Fünf Jahre zuvor war die Nichte von Ministerpräsident Willi Stoph in den dreistöckigen Barockbau geflüchtet, um in den Westen auszureisen.

5

Von Auskunft bis Zoll

Hier finden Sie kurz gefasst die wichtigsten Adressen und Informationen für Ihre Pragreise

AUSKUNFT VOR DER REISE

Čedok Deutschland
Leipziger Straße 60, 10117 Berlin, Tel. 030/200 46 44, Fax 204 46 23 und Kaiserstraße 54, 60329 Frankfurt, Tel. 069/274 01 70, Fax 23 58 90

Čedok Österreich
Parkring 10, 1010 Wien 1, Tel. 01/51 24 37 20, Fax 55 12 43 72 85

Čedok Schweiz
Uraniastrasse 34, 8025 Zürich, Tel. 01/221 31 31, Fax 221 31 41

AUSKUNFT IN PRAG

Pražská informační služba PIS (Prager Informations-Dienst)
Na příkopě 20 und Staroměstské náměstí 24, Mo–Fr 9–18 Uhr, Sa/So 9–17 Uhr, Tel. 54 44 44

AUTO

In Tschechien herrscht absolutes Alkoholverbot sowie Gurtpflicht (für Motorradfahrer Helmpflicht). Innerhalb geschlossener Ortschaften beträgt die Höchstgeschwindigkeit 50 km/h, außerhalb 90 km/h, auf Autobahnen 130 km/h.

Das landesweite Tankstellennetz ist recht eng. Nonstopbetrieb findet man an allen größeren Verbindungen und an den Stadträndern. Das bleifreie Benzin heißt *Natural* (95 Oktan), es gibt auch *Super Plus Natural* (98 Oktan). Diesel heißt *Nafta,* darüber hinaus bekommt man *Special* (91 Oktan) und *Super* (96 Oktan). Die meisten Tankstellen bieten ein breites Warensortiment an (z. B. Lebensmittel, Ersatzteile).

Im Zentrum von Prag gibt es fast nur Parkplätze für Anwohner, Falschparker müssen mit einem saftigen Bußgeld rechnen (bis zu 5000 Kč). Eine Alternative zu den teuren Parkdecks (600 Kč/24 Stunden) sind bewachte Parkplätze (etwa 20 Kč/Stunde). Ein Parkhaus gibt es z. B. am *náměstí Jana Palacha*, Einfahrt von der *Dvořákovo nábřeží* (etwa 1000 Kč für 24 Std.) Ein Lenkradschloss sollte Standard sein.

Mitfahrzentrale: Town To Town, Národní třída 9, Tel. 22 07 54 07, Metro: Národní třída (B)

Ansichtskarten kaufen können Sie in Prag natürlich auch

BANKEN/GELDWECHSEL

In fast allen Hotels, Geschäften und Restaurants werden Kreditkarten akzeptiert. Zum Bargeldtausch in einer Bank benötigt man den Personalausweis. Wechselstuben sind verbreitet, verlangen aber horrende Gebühren. Im Zentrum sind einige Geldautomaten vorhanden.

Notfall-Nummern für verlorene Kreditkarten
American Express: Tel. 24 19 44 00
Visa: Tel. 24 12 53 53
Diners Club: Tel. 673 14 48
Eurocard,
Mastercard: Tel. 24 42 31 35

CAMPING

Packen Sie die Badehose ein, aber lassen Sie Ihre Erwartungen daheim: Den ganz großen Ansprüchen genügen tschechische Campingplätze noch nicht. Böhmens traumhafte Hain und Flur machen es locker wett.
Caravancamp, *Tel. 52 47 14, Plzeňská 215;*
Kemping Řevnice, *Tel. 543 99 54, Prag-Řevnice;*
Sokol Troja, *Tel. 84 28 33, Trojská 171*

DIPLOMATISCHE VERTRETUNG

Deutsche Botschaft
Vlašská 19, Praha 1, Tel. 57 32 01 90, Metro: Malostranská (A)

Österreichische Botschaft
Viktora Huga 10, Praha 5, Tel. 57 32 12 82, Metro: Anděl (B)

Schweizer Botschaft
Pevností 7, Praha 6, Tel. 24 31 12 28, Metro: Dejvická (A)

EINREISE

Zur Einreise nach Tschechien benötigen Deutsche einen Personalausweis, Österreicher und Schweizer jedoch einen Reisepass. Vor Antritt unbedingt die Gültigkeit prüfen – die Zollbeamten machen keine Ausnahme!

FERNSEHEN

Es soll Michael-Schumacher-Fans geben, die ihren Urlaub anhand der Formel-1-Renntermine planen. Für Prag sollte das nicht gelten: Alle großen und mittelgroßen Hotels und Pensionen besitzen Zimmer mit deutschen TV-Stationen, und in den Kneipen laufen auch genügend Fernseher. Und sollte es wirklich ein so wichtiges Ereignis sein, überträgt sowieso einer der tschechischen Sender.

FOTOGRAFIEREN

Wer nicht bis nach der Heimfahrt warten will, um Prager Schnappschüsse zu sehen, muss nicht darben: Lange vor der »Samtenen Revolution« etablierten sich bereits exzellente Fotogeschäfte in Prag, die fix entwickeln und das gesamte Foto-Equipment parat halten. *Spectrum Color, Tel. 26 68 87, Vodičková 15, Metro: Můstek (A, B)*

FLUGGESELLSCHAFTEN

Austria Airlines, *Revoluční 15, Tel. 231 18 72*
ČSA, K Letišti, *Tel. 20 11 11 11*
Lufthansa, *Pařížská 28, Tel. 24 81 10 07*
Swiss Air, *Pařížská 11, Tel. 24 81 21 11*

FUNDBÜRO

Karolíny Světlé 5, Tel. 24 23 50 85, Metro: Národní třída (B)

GESUNDHEIT

Der Erste-Hilfe-Dienst leistet im Notfall kostenlose Behandlung. *Nachtdienst-Apotheke: Lékárna, Na příkopě 7, Tel. 24 21 02 29. Krankenhaus: Fremdsprachiger Dienst Hospital Na Homolce, Roentgenova 2, Tel. 52 92 21 44, ab Metrostation Anděl (Linie B) mit Bus 167 bis Endstation*

KARTENVORVERKAUF

Hier gibt es Karten für Karel Gotts Weihnachtskonzerte ebenso wie Tickets fürs Theater. Aber nicht nur, wenn die Rolling Stones an die Moldau kommen, sollte man die Kassen rechtzeitig aufsuchen: Die Prager kaufen ihre Karten früh.
Lucerna-Passage, *Štěpánska 61*
Grossmann-Passage, *Václavské náměstí 44*
Čedok, *Na příkopě 18*

KLIMA

Prag hat ein subozeanisches Klima, das dem in Süddeutschland ähnelt. Der Winter ist meist mäßig kalt, der Sommer warm und mild. Im Herbst und Frühling kommt es häufig zu starkem Westwind und zu zahlreichen Niederschlägen.

LITERATUR

Christoph Bartmann: »Prag«, Beck 1994, amüsante Anmerkungen; Peter Sacher: »Prag erzählt«, Fischer 1997, Eindrücke tschechischer Autoren; Angelo Maria Ripellino: »Magisches Prag«, Wunderlich 1982, Geschichte und Geschichten

NOTRUF

Feuerwehr: *Tel. 150*
Pannenhilfe: *Tel. 123*
Polizei: *Tel. 158 (gebührenfrei)*
Rettungsdienst: *Tel. 155*
Zahnärztlicher Notdienst: *Palackého 5, Tel. 24 21 60 32*

ÖFFENTLICHE VERKEHRSMITTEL

Im Öffentlichen Personennahverkehr können gleiche *jízdenky* (Fahrkarten) für Straßenbahn, Metro und Bus benutzt werden. Wer nicht umsteigt und nicht länger als 15 Minuten fährt, zahlt 8 Kč. Für alle anderen gilt das

A dreamer – but not the only one

Beatle John Lennon war bereits zu Lebzeiten ein Idol in der Tschechoslowakei. Nach seiner Ermordung 1980 schufen Jugendliche heimlich am Velkopřevorské-Platz nahe der Karlsbrücke eine Gedenkstätte für den Musiker. Bis 1989 war die »Lennon-Mauer« ein Zankapfel zwischen Dissidenten und der Obrigkeit, denen die Graffiti suspekt waren. Seit der politischen Wende kann jeder seine Parolen, Grüße oder Malereien loswerden. Am Todestag von Lennon Anfang Dezember gedenken hier Dutzende Fans mit Gitarren, Kerzen und Rotwein ihres Idols.

Ticket zu 12 Kč. Vor der Fahrt muss am Eingang gestempelt werden. Normale Fahrkarten gibt es per Automat an der Haltestelle oder bei den Kiosken. Verschiedene Netz- und Tageskarten sind in der Verkehrszentrale erhältlich *(24-Stunden-Ticket 70 Kč, drei Tage 180 Kč, sieben Tage 250 Kč, U-Bahn-Station Muzeum)*. Schwarzfahren kostet zwischen 200 und 400 Kč, die Kontrollen sind häufig. Vorsicht vor Taschendieben. Die *tramvai* (Straßenbahn) verkehrt bis in die Vorstädte, die Hauptstrecken werden nachts von den 50er-Linien befahren (spezieller Fahrplan, alle 40 Minuten, die zentrale Station ist *Lazarská*). Die Metro verkehrt zwischen 5 und 24 Uhr.

POST

Hauptpost: *Jindřišská 14, Tel. 24 22 88 56, Tgl. 7–20 Uhr, Metro: Můstek (A, B)*

Nachtdienst: *Hybernská 15, Tel. 24 21 97 15, Metro: Náměstí Republiky (B)*

Preise für Europa: Ansichtskarten 7 Kč, Briefe bis 20 g 10 Kč

STADTFÜHRUNGEN

Offizielle Fremdenführer und Rundfahrten kann man bei PIS buchen. Zahlreiche Reisebüros bieten nahezu identische Ausflüge für recht unterschiedliche Preise an – vergleichen lohnt sich. Größte Anbieter sind das *Prague Tourist Centre, Ecke Rytířská/Na můstku, Tel. 24 21 22 09*, sowie *Martin Tour, Štěpánská 61, Tel. 24 21 24 73*. Über alternative Stadtrundgänge informieren Plakate (auch in Deutsch und Englisch) im Zentrum. Treffpunkt ist der *Pulverturm* am *Náměstí Republiky*. Ein besonderes Erlebnis ist Prag vom Schiff aus. Plätze können direkt am Kai *(Rašínovo nábřeží)* oder bei *Čedok, Bílkova 6, Tel. 231 82 55*, gebucht werden.

TAXI

Trotz des 1997 eingeführten Tarifs von 17 Kč pro Kilometer verlangen viele Fahrer immer noch Phantasiesummen. Man sollte sich nicht auf das Taxameter verlassen und den Preis unbedingt vorher aushandeln. Ein Anhaltspunkt: Kosten von über 1000 Kč sind in Prag regulär nicht zu erzielen. Bei Betrugsverdacht einfach die Zahlung verweigern, oder zumindest eine Quittung für die Polizei verlangen.

TELEFON

Die Vorwahl nach Deutschland lautet 0049, nach Österreich 0043, in die Schweiz 0041. Telefonkarten *(telefoni carty)* gibt es entweder bei der Post oder an Kiosken und in Tabakläden *(trafika)*. Handybenutzer benötigen für das Aufladegerät einen Adapter. Vorwahl für Tschechien: 00 420, für Prag: (0)2

TOILETTEN

Dámy oder *Ženy* steht für Frauen, *Páni* oder *Muži* entsprechend für Männer. Vielerorts ist die Benutzung kostenpflichtig (2 Kč).

UNTERKUNFT

Prague Bed and Breakfast Association
Zentrale für Privatunterkünfte, *Kroftova 3, Tel. 57 32 68 97, Stra-*

ßenbahnhaltestelle Kinského zahrada ab Metrostation Anděl (B)

Universitas Tour
Anlaufstelle für Unterkunft in einem der vielen Studentenwohnheime, *Opletalova 38, Tel. 26 04 26, kein Fax, Metro: Muzeum (A, C)*

VERANSTALTUNGSKALENDER

Donnerstags erscheinen die deutschsprachige »Prager Zeitung« sowie die englischsprachige »Prague Post« mit einem kompletten Veranstaltungsprogramm. In vielen Gaststätten und PIS-Filialen liegen außerdem Gratismagazine (»Reiseführer«, »Downtown«, »Metro« u. a.) zum Mitnehmen aus.

ZEITUNGEN

Wer nicht auf Nachrichten von zu Hause verzichten kann oder will, der findet an den Kiosken im Zentrum der Stadt genauso wie in vielen Hotels eine große Auswahl überregionaler Tages- und Wochenzeitungen sowie Magazine.

ZOLL

Bei der Ausreise aus Tschechien sind pro Erwachsener zollfrei: 1 l Spirituosen, 2 l Wein sowie 250 Zigaretten oder 250 g Tabakwaren oder 25 Zigarren. An fast allen Grenzübergängen stehen mittlerweise Duty-free-Shops.

WETTER IN PRAG

Die monatlichen Durchschnittswerte im Überblick

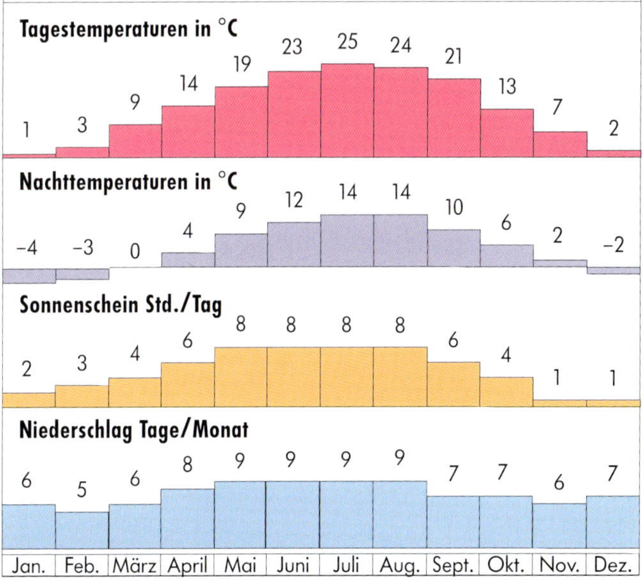

Bloß nicht!

Wie in jeder Stadt gibt es auch in Prag Nepp, Bauernfängerei und Dinge, die man nicht tun sollte

Irgendwo parken
Für viele ist es billiger, mit dem Wagen nach Prag zu fahren. Für manche wird die Rückfahrt allerdings teuer: Die Moldaustadt ist immer noch ein Zentrum für Autoknacker. Lassen Sie also nichts allzu Wertvolles im Wagen, und parken Sie nicht in irgendeiner Seitenstraße – ein saftiges Bußgeld ist das mindeste, was Sie erwartet.

Rücksichtslos sein
Jeder Tscheche weiß, dass eine Gruppe laut sein kann. Beweisen Sie es ihm nicht in der U-Bahn oder im Restaurant. Überraschen Sie ihn, indem Sie sich wie Gäste benehmen, die den Gastgeber respektieren – das tun nämlich längst nicht alle.

Beamten bestechen
Sie sind zu schnell gefahren oder sonst irgendwie ungut aufgefallen. Jetzt wollen Sie den Fall mit Geld oder Likör »aus der Welt schaffen«. Die meisten Beamten lehnen ab und hängen Ihnen noch eine Klage wegen Bestechung an. Fluchen Sie lieber leise – aber regeln Sie die Sache regulär.

Zu sorglos sein
Den Geldbeutel in der Hosentasche, Fotoapparat und Handtasche locker über der Schulter – so sind Sie es von Sylt und der Steiermark gewohnt. In Prag ist solches Verhalten jedoch eine offene Einladung an die vielen Langfinger in Straßenbahn, Metro und im Zentrum.

Nachtschwärmen
»Fahren Sie mich irgendwohin, wo noch was los ist«, sagt der Tourist nachts zum Taxifahrer. Und der fährt dann auch »irgendwohin«, von wo man nur wieder per Taxi wegkommt. Erst neppt das Etablissement, dann kassiert der Taxifahrer für die Rückfahrt noch einmal kräftig. Im eigenen Interesse: Genießen Sie Prag bis Mitternacht oder bitten Sie den Hotelchef um einen Tipp – aber ziehen Sie nicht auf eigene Faust los.

Schwarz wechseln
Tschechien ist für westliche Touristen ein günstiges Urlaubsland. Manche wollen es noch billiger haben und gehen auf die windigen Angebote ein, die ihnen zwielichtige Gestalten machen. Glauben Sie es: Sie wissen nachher nur, wie polnische Zloty oder Prager Gefängniszellen aussehen. Wechseln Sie nur in Banken oder, wenn schon, am Automaten oder in Wechselstuben mit den horrenden Gebühren.

Sprechen und Verstehen ganz einfach

Zur Erleichterung der Aussprache sind alle tschechischen Wörter mit einer einfachen Aussprache (in eckigen Klammern) versehen.
' vor einer Silbe bedeutet, dass die nachfolgende Silbe betont wird.

AUF EINEN BLICK

Ja./Nein.	Ano. ['ano]/Ne. [nä]
Bitte.	Prosím. ['prossihm]
Danke.	Děkuji. ['djäkuji]
Gern geschehen.	Rádo se stalo. ['rahdo ssä 'stalo]
Können Sie mir bitte helfen?	Prosím vás, můžete mi pomoci? ['prossihm was 'muschätä mi 'pomotsi]
Hilfe!	Pomoc! ['pomots]
Ich möchte …	Chtěl/-a bych … ['chtjäl/-a bich]
Haben Sie …?	Máte …? ['mahtä]
Wie viel kostet es?	Kolik to stojí? ['kolik to 'stojih]
Wie viel Uhr ist es?	Kolik je hodin? ['kolik jä 'hodjin]
Entschuldigung!	Promiňte! ['prominjtä]
Wie bitte?	Prosím? ['prossihm]
Ich verstehe Sie/dich nicht.	Nerozumím vám/ti. ['närosumihm wahm/tji]
Ich spreche nur wenig …	Mluvím jen málo … ['mluwihm jän 'mahlo]

KENNENLERNEN

Guten Morgen!	Dobré jitro! ['dobräh 'jitro]
Guten Tag!	Dobrý den! ['dobrih 'dän]
Guten Abend!	Dobrý večer! ['dobrih 'wätschär]
Hallo! Grüß dich!	Ahoj! [a'hoj]
Wie ist Ihr Name, bitte?	Jaké je vaše jméno, prosím? ['jakäh jä 'waschä 'mähno 'prossihm]
Mein Name ist …/	Jmenuji se … ['mänuji ssä]
Wie geht es Ihnen/dir?	Jak se máte/máš? ['jäk ssä 'mahtä/'mahsch]
Danke. Und Ihnen/dir?	Děkuji. A vy/ty? ['djäkuji a 'wi/ti]
Auf Wiedersehen!	Na shledanou! ['nas chlädanou]
Tschüss!	Ahoj! [a'hoj]
Vielen Dank für den netten Abend.	Děkuji za příjemný večer. ['djäkuji 'saprschihjämnih 'wätschär]

Auskunft

Wie komme ich zur Autobahn nach …?	Jak se dostanu na dálnici na …? ['jak ssä 'dostanu 'nadahlnjitsi 'na]
Immer geradeaus bis …	Pořád rovně až … ['porschaht 'rownjä asch]
Dann links/rechts abbiegen.	Potom odbočte (zahněte) do leva/ do prava. ['potom 'odbotschtä ('sahnjätä) 'doläwa/'doprawa]
Bitte, wo ist …?	Prosím vás, kde je …? ['prossihm 'wahs gdä jä]
Wie weit ist das?	Jak je to daleko? ['jak jä to 'daläko]

Panne

Ich habe eine Panne.	Měl/-a jsem poruchu. ['mnjäl/-a ssäm 'poruchu]
Können Sie mal nachsehen?	Můžete se na to podívat? ['muhschätä ssä 'nato 'podjihwat]
Wo ist hier in der Nähe eine Werkstatt?	Je tady někde blízko autoopravna? ['jä 'tadi njägdä 'blihsko 'auto,oprawna]
Würden Sie mich bis zur nächsten Werkstatt abschleppen?	Odtáhl/-a byste mě k nejbližší dílně? ['otahch/'otahhla ,bistä mnjä 'knäjblischih 'djihlnjä]

Tankstelle

Ich möchte … Liter …	Chtěl/-a bych … litrů. ['chtjäl/-a bich … litruh]
… Normalbenzin.	… benzínu speciál. ['bänsihnu 'spätsijahl]
… Super.	… benzínu super. ['bänsihnu 'ssupr]
… Diesel.	… nafty. ['nafti]
… bleifrei/verbleit/ mit … Oktan.	… naturalu/s olovem/ …-oktanového. ['naturahlu/'ss olowäm'/…-okta nowähho]
Voll tanken, bitte.	Plnou (nádrž) prosím. ['plnou ('nahdrsch) 'prossihm]

Unfall

Es ist ein Unfall passiert!	Stala se nehoda! ['stala ssä 'nähoda]
Rufen Sie bitte schnell …	Zavolejte prosím rychle … ['sawoläjtä 'prossihm 'richlä]
… einen Krankenwagen.	… sanitku. ['sanitku]
… die Polizei.	… policii. ['politsiji]
… die Feuerwehr.	… požárníky. ['poschahrnjihki]
Es war meine/Ihre Schuld.	Byla to moje/vaše vina. ['bila to 'mojä/'waschä 'wina]
Geben Sie mir bitte Ihren Namen und Ihre Anschrift.	Napište mi prosím své jméno a adresu. ['napischtä mi 'prossihm swä 'mähno a 'adrässu]
Vielen Dank für Ihre Hilfe.	Děkuji vám za pomoc. ['djäkuji wahm 'sapomots]

ESSEN

Wo gibt es hier …	Kde je tady … ['gdä jä 'tadi]
… ein gutes Restaurant?	… nějaká dobrá restaurace? ['njäjakah 'dobrah 'rästauratsä]
… ein typisches Restaurant?	… typická restaurace? ['tipitskah 'rästauratsä]
Reservieren Sie uns bitte für heute Abend einen Tisch für 4 Personen.	Rezervujte nám prosím na dnes večer stůl pro čtyři osoby. ['räsärwujtä nahm 'prossihm 'nadnäs ' wätschär stuhl 'proschtirschi 'ossobi]
Welches sind die typischen Gerichte der tschechischen Küche?	Jaká jsou typická česká jídla? ['jakah ssou 'tipitskah 'tschäskah 'jihdla]
Auf Ihr Wohl!	Na vaše zdraví! ['nawaschä 'sdrawih]
Das habe ich nicht bestellt.	To jsem si neobjednal/-a. ['to ssäm ssi 'näobjädnal/-a]
Bezahlen, bitte.	Platit prosím. ['platjit 'prossihm]
Hat es geschmeckt?	Chutnalo vám? ['chutnalo wahm]
Das Essen war ausgezeichnet.	Bylo to výborné. ['bilo to 'wihbornäh]

ÜBERNACHTUNG

Können Sie mir bitte … empfehlen?	Můžete mi prosím doporučit …? ['muhschätä mi 'prossihm 'doporutschit]
… ein gutes Hotel	… nějaký dobrý hotel ['njäjakih 'dobrih 'hotäl]
… eine Pension	… penzión ['pänsijon]
Haben Sie noch Zimmer frei?	Máte ještě volné pokoje? ['mahtä ,(j)äschtjä 'wolnäh 'pokojä]
Ein Einzelzimmer …	Jednolůžkový … ['jädno,luhschkowih]
Ein Zweibettzimmer …	Dvoulůžkový … ['dwou,luhschkowih]
… mit Dusche/Bad.	… se sprchou/s koupelnou. ['ssäsprchou/'skoupälnou]
… für eine Nacht.	… na jednu noc. ['najädnu 'nots]
… für eine Woche.	… na týden. ['natihdän]
Was kostet das Zimmer mit …	Kolik stojí pokoj … ['kolik 'stojih 'pokoj]
… Frühstück?	… se snídaní? ['säsnjihdanjih]
… Halbpension?	… s polopenzí? ['spolopänsi]
Nein, wir sind leider vollständig belegt.	Ne, máme bohužel všechno obsazené. ['nä 'mahmä 'bohuschäl 'fschächno 'opsasänäh]
Gibt es hier einen Campingplatz/eine Jugendherberge?	Je tady někde kempink/ubytovna pro mládež? ['jä 'tadi 'njägdä 'kämpink/ 'ubitowna 'promlahdäsch]

Arzt

Können Sie mir einen guten Arzt empfehlen?	Můžete mi doporučit nějakého dobrého lékaře? ['muhschätä mi 'doporutschit 'njäjakähho 'dobrähho 'lähkarschä]
Ich habe hier Schmerzen.	Mám bolesti tady. ['mahm 'bolästji 'tadi]

Bank

Wo ist hier bitte …	Kde je tady …['gdä jä 'tadi]
… eine Bank?	… banka? ['banka]
… eine Wechselstube?	… směnárna prosím? ['smnjänahrna 'prossihm]
Ich möchte … DM (Schilling, Schweizer Franken) in Kronen wechseln.	Chtěl/-a bych si vyměnit … marek (šilinků, švýcarských franků) na koruny. ['chtjäl/-a bichsi 'wimnjänjit … 'maräk (schilinkuh schwihtsarskihch frankuh) 'nakoruni]

Post

Wie viel kommt auf	Kolik se dává ['kolik ssä 'dahwah]
… einen Brief	… na dopis ['nadopis]
… eine Postkarte	… na lístek ['nalistäk]
nach Deutschland?	do Německa? ['donjämätska]

Zahlen

0	nula ['nula]	18	osmnáct ['ossumnahtst]
1	jeden *m*/jedna *f* [jädän/'jädna]	19	devatenáct ['däwatänahtst]
2	dva *m* ['dwa], dvě *f* ['dwjä]	20	dvacet [dwatsät]
3	tři ['trschi]	21	dvacet jedna ['dwatsät 'jädna]
4	čtyři ['schtirschi]	30	třicet ['trschitsät]
5	pět ['pjät]	40	čtyřicet ['schtirschitsät]
6	šest [schäst]	50	padesát ['padässaht]
7	sedm ['ssädum]	60	šedesát [schädässaht]
8	osm ['ossum]	70	sedmdesát ['ssädumdässaht]
9	devět ['däwjät]	80	osmdesát ['ossumdäsaht]
10	deset ['dässät]	90	devadesát ['däwadässaht]
11	jedenáct ['jädänahtst]	100	sto ['sto]
12	dvanáct ['dwanahtst]	200	dvě stě ['dwjä 'stjä]
13	třináct ['trschinahtst]	300	tři sta ['trschi 'sta]
14	čtrnáct ['schtrnahtst]	1000	tisíc ['tjissihts]
15	patnáct ['patnahtst]	2000	dva tisíce ['dwa 'tjissihtsä]
16	šestnáct ['schästnahtst]	10000	deset tisíc ['dässä'tjissihts]
17	sedmnáct ['ssädumnahtst]	1/2	půl [puhl]
		1/4	čtvrt [(t)schtwrt]

Jídelní lístek
Speisekarte

SNIDANĚ	FRÜHSTÜCK
Černá káva ['tschärnah 'kahwa]	schwarzer Kaffee
Bílá káva/káva s mlékem ['bihlah 'kahwa/'kahwa 'smlähkäm]	Kaffee mit Milch
Káva bez kofeinu ['kahwa 'bäskofäjinu]	koffeinfreier Kaffee
Čaj s mlékem/s citrónem [tschaj 'smlähkäm/'stsitrohnäm]	Tee mit Milch/Zitrone
Bylinkový čaj ['bilinjkowih 'tschai]	Kräutertee
Čokoláda ['tschokolahda]	Schokolade
Džus ['dschus]	Fruchtsaft
Vajíčko na měkko ['wajihtschko 'namnjäko]	weiches Ei
Míchaná vejce ['mihchanah wäjtsä]	Rührеier
Vejce na slanině ['wäjtsä 'naslanjinjä]	Eier mit Speck
Chleba ['chläba]	Brot
Housky ['houski]	Brötchen
Toust ['toust]	Toast
Rohlík ['rohlihk]	Hörnchen
Máslo ['mahslo]	Butter
Sýr ['sihr]	Käse
Salám ['salahm]	Wurst
Šunka ['schunka]	Schinken
Med ['mät]	Honig
Džem ['dschäm]	Marmelade
Ovoce ['owotsä]	Obst

STUDENÉ PŘEDKRMY	KALTE VORSPEISEN
Pražská šunka ['praschskah 'schunka]	Prager Schinken
Šunková rolka se šlehačkou a křenem ['schunkowah 'rolka] 'säschlähatschkou a 'krschänäm]	Schinkenröllchen mit Sahne-Meerrettich

POLÉVKY	SUPPEN
Bramborová polévka ['bramborowa 'polähfka]	Kartoffelsuppe
Hovězi vývar, vejce, zelenina ['howjäsih 'wihwar 'wäjtsä 'sälänjina]	Rinderbrühe mit Ei und Gemüse
Žampionový krém ['schampijonowih 'krähm]	Champignoncremesuppe

NÁRODNÍ JÍDLA	NATIONALGERICHTE
Guláš s chlebem/s bramborem ['gulahsch 's chläbäm/'sbramboräm]	Gulasch mit Brot/Kartoffeln
Svíčková na smetaně s knedlíkem ['swihtschkowa 'nasmätanjä 'sknädlihkäm]	Rinderlende in Sahnesoße mit Knödeln
Španělský ptáček, dušená rýže ['schpanjälskih 'ptahtschäk 'duschänah] 'rihschä]	Gefüllte Rinderroulade (Gurke, Speck, Ei) mit Reis
Uzená krkovička, houskové knedlíky, bramborové knedlíky, špekové knedlíky ['usähnah 'krkowitschka 'houskowä 'knädlihki 'bramborwäh 'knädlihki 'schpäkowä 'knädlihki]	Selchfleisch mit Semmelknödel, Kartoffelknödel und Speckknödel
Vepřová, knedlík, zelí (vepřo-knedlozelo) ['wäprschowah 'knädlihk 'sälih (wäprscho 'knädlo 'sälo)]	Schweinebraten mit Knödeln und Kraut

JÍDLA NA OBJEDNÁVKU	PFANNENGERICHTE
Pražský vepřový steak (česnek, křen, okurka), smažené hranolky ['praschskih 'wäprschowih 'stäjk ('tschäsnäk 'krschän 'okurka) smaschänäh hranolki]	Prager Schweinesteak (Knoblauch, Meerrettich, Gurke), Pommes frites
Smažený řízek s bramborovým salátem/brambory/hranolky ['smaschänih 'rschisäk 'sbramborowihm 'salahtäm/'brambori/'hranolki]	Wiener Schnitzel mit Kartoffelsalat/Kartoffeln/Pommes frites

DRŮBEŽ	GEFLÜGEL
Kachna pečená, červené zelí, bramborové knedliky ['kachna 'pätschänah 'tschärwänäh 'sälih 'bramborowäh 'knädliki]	Gebratene Ente, Rotkraut und Kartoffelknödel
Kuře pečené na víně, smažené hranolky ['kurschä 'pätschänäh 'nawihnjä 'smaschänäh 'hranolki]	Huhn in Wein gebraten mit Pommes frites
Pečená husa, knedlík zelí ['pätschänah 'hussa 'knädlihk 'sälih]	Bratgans mit Knödeln und Sauerkraut

RYBY	FISCH
Kapr na kmíně, vařené brambory ['kapr 'nakmihnjä 'warschänäh 'brambori]	Karpfen auf Kümmel mit Salzkartoffeln
Kapr smažený, labužnický salát ['kapr 'smaschänih 'labuschnjitskih 'ssalaht]	Panierter Karpfen, Kartoffelsalat mit Gemüse und Schinken
Pstruh na mandlích, vařené brambory ['pstruch 'namandlihch 'warschänäh 'brambori]	Forelle auf Mandeln mit Salzkartoffeln

PŘILOHY	BEILAGEN
Bramborové knedlíky ['bramborowäh 'knädlihki]	Kartoffelknödel
Bramborový salát ['bramborowih ssalaht]	Kartoffelsalat mit harten Eiern und Gemüse
Dušená rýže ['duschänah 'rihschä]	Gekochter Reis
Dušené zelí ['duschänäh 'sälih]	Kraut
Houskové knedlíky ['houskowäh knädlihki]	Semmelknödel
Smažené hranolky ['smaschänäh hranolki]	Pommes frites
Špekové knedlíky ['schpäkowäh 'knädlihki]	Speckknödel
Tatarská omáčka '[tatarskah 'omahtschkah]	Sauce Tartar
Vařené brambory ['warschänäh 'brambori]	Salzkartoffeln

DEZERTY/MOUČNÍKY	NACHTISCH/SÜSSSPEISEN
Ovocné knedlíky (švestkové, třešňové, jahodové nebo meruňkové) ['owotsnäh 'knädlihki ('schwästkowäh 'trschäschnjowäh 'jahodowäh näbo 'märunjkowäh)]	Obstknödel (gefüllt mit Pflaumen, Kirschen, Erdbeeren oder Aprikosen)
Palačinky s ovocem a se šlehačkou ['palatschinki 'ss owotsäm a 'säschlähatschkou]	Palatschinken mit Früchten und Sahne
Slané mandle ['slanä 'mandlä]	Salzmandeln
Sýrový talíř s máslem ['ssihrowih 'talihrsch 'smahsläm]	Käseplatte mit Butter
Vdolečky se šlehačkou ['wdolätschki 'säschlähatschkou	Böhmische Dalken (Hefegebäck) mit Sahne
Větrník se šlehačkou ['wjätrnjihk 'säschlähatschkou]	Windbeutel mit Sahne

POHÁRY, ZMRZLINOVÉ POHÁRY	OBST-/EISBECHER
Jahody ['jahodi]	Erdbeeren
Maliny se šlehačkou ['malini 'säschlähatschkou]	Himbeeren mit Sahne
Zmrzlinový pohár »Fruit koktejl« se šlehačkou a griotkou ['smrslinowih 'pohahr 'frut ,koktäjl 'säschlähatschkou a 'grijotkou]	Eisbecher »Früchte-Cocktail« mit Sahne und Kirschlikör

Nápojový lístek

Getränkekarte

VÍNA BÍLÁ	WEISSWEINE
Rýnský ryzlink ['rihnskih 'rislink]	Rheinischer Riesling

VÍNA ČERVENÁ	ROTWEINE
Frankovka ['frankofka]	»Frankovka«

PIVA	BIERE
Budvar ['budwar]	Budweiser
Plzeňský prazdroj ['plsänjskih 'prasdroj]	Pilsner Urquell
Černé pivo ['tschärnäh piwo]	Dunkles Bier
nealkoholické pivo ['nä,alkoholitskäh 'piwo]	alkoholfreies Bier

NEALKOHOLICKÉ NÁPOJE	ALKOHOLFREIE GETRÄNKE
Grapefruitový džus ['gräpfrujtowih 'dschus]	Grapefruitsaft
Pomerančový džus ['pomärantschowih 'dschus]	Orangensaft
Minerální voda *(= minerálka)* ['minäralnjih 'woda ('minäralka)]	Mineralwasser

TEPLÉ NÁPOJE	WARME GETRÄNKE
Káva překapávaná ['kawa 'prschäkapahwanah]	Filterkaffee
Espreso ['äsprässo]	Espresso
Vídeňská káva ['wihdänjskah 'kahwa]	Wiener Kaffee (mit Schlagsahne)
Čaj ['tschai]	Tee

Cityatlas Prag

Die Seiteneinteilung für den Cityatlas finden Sie auf dem hinteren Umschlag dieses Reiseführers

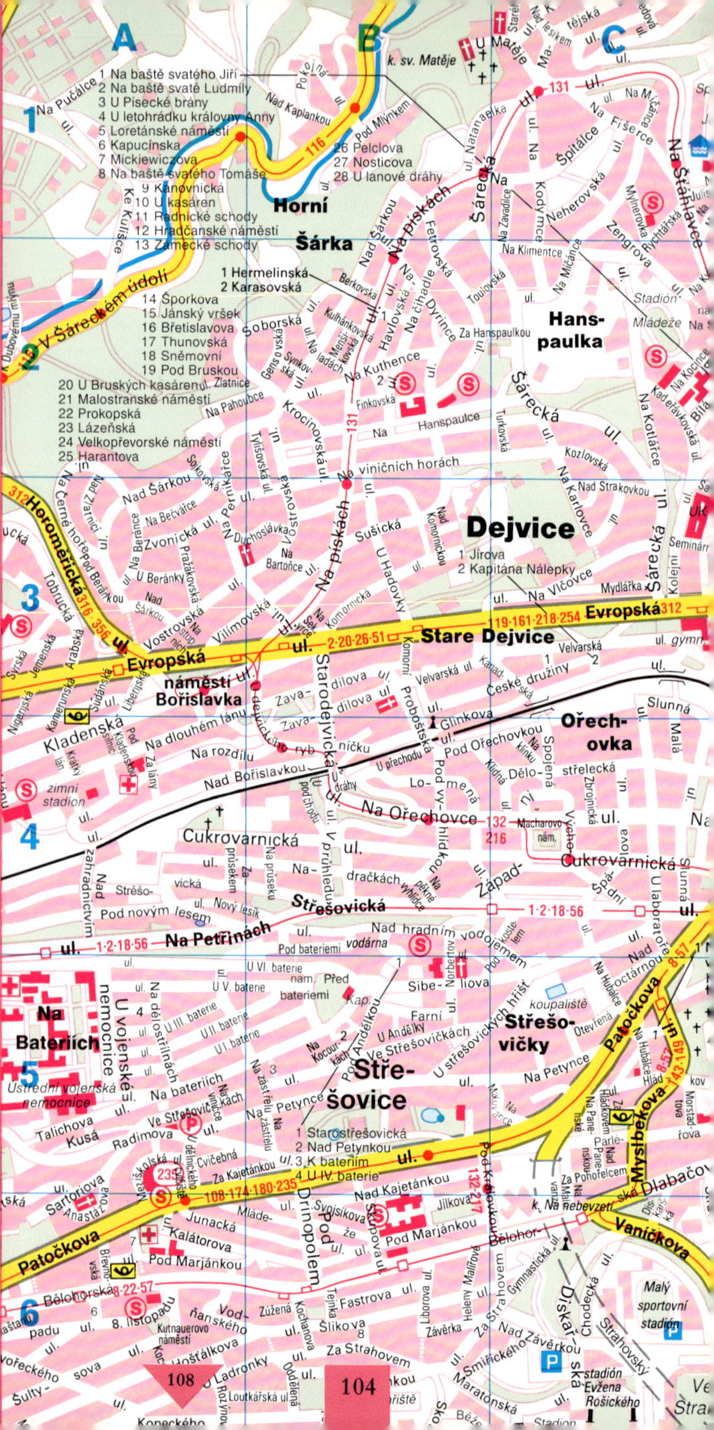
A
B
C
1
2
3
4
5
6
1 Na baště svatého Jiří
2 Na baště svaté Ludmily
3 U Písecké brány
4 U letohrádku královny Anny
5 Loretánské náměstí
6 Kapucínská
7 Mickiewiczova
8 Na baště svatého Tomáše
9 Kanovnická
10 U kasáren
11 Radnické schody
12 Hradčanské náměstí
13 Zámecké schody
14 Šporkova
15 Jánský vršek
16 Břetislavova
17 Thunovská
18 Sněmovní
19 Pod Bruskou
20 U Bruských kasáren
21 Malostranské náměstí
22 Prokopská
23 Lázeňská
24 Velkopřevorské náměstí
25 Harantova
26 Pelclova
27 Nosticova
28 U lanové dráhy
1 Hermelinská
2 Karasovská
Horní Šarka
V Šáreckém údolí
Hanspaulka
Dejvice
1 Jírova
2 Kapitána Nálepky
Evropská
Stare Dejvice
náměstí Bořislavka
Ořechovka
Cukrovarnická
Střešovická
Na Petřinách
Na Bateriích
Ústřední vojenská nemocnice
Střešovičky
Střešovice
1 Starostřešovická
2 Nad Petynkou
3 K bateriím
4 U IV. baterie
Patočkova
Myslbekova
Vaníčkova
Bělohorská
Drinopolem
Malý sportovní stadión
stadión Evžena Rošického
Na písekách
Horoměřická
Šárecká
Na Kocínce
Kladenská
zimní stadion
Na Ořechovce
Dlabačov
k. sv. Matěje
k. Na nebevzetí
108
104

Vltava
Císařský ostrov
chaty
Čistírna odpadových vod
500 m
Pod Juliskou
Pod babská
Papírenská
Šestidomí
Jednořadá
M. J. Lermontova
Ve struhách
Čínská
Tenis
Malá Říčka
Za Císařským mlýnem
hřiště
Bubeneč
Albánská
Vietnamská
Březovského
U hřbitova
Chittussiho
Goetheho
Juarezova
Terronská
Jugoslávských partyzánů
Zelená
Koulova
Kotěrova ul.
Zemědělská
Stavitelská
náměstí Interbrigády
Madarská
Na Marně
Heineho
Sibiřské náměstí
Bubeneč
Nikoly Tesly
Flemingovo nám.
Velflíkova
ČVUT
N.A. Někrasova
Lotyšská ul.
Terronská
Wolkerova
k. sv. Gotthard
Českomalínská
Puškinovo náměstí
Rooseveltova
Technická
Verdunská ul.
Gaulla dr.
Uralská
Raisova
Bubenečská
Pelleova
Vsadech
Koruní
Dejvická
Vítězné nám.
Šolínova
Sukova
náměstí Svobody
Zikmunda
ZUŠ
Pod kaštany
V tišině
Zátorce
Sparta
ul. Československé armády
Na Slachtově
Národní obrany
Vorlíků
stadión AC Sparta
Banskobystrická
Kafkova
P+R
Buzulucká ul.
Jaselská
Eliášova
Mařákova
Muchova
Slavíčkova
E48
Milady Horákové
Letná
Generála Píky
Wuchterlova
Bachmačské náměstí
Hradčanská
Dejvice
Václavkova ul.
Svatovítská
Pod bastami
Tychonova
Na valech
Badeniho ul.
Chotkova
1 Zlatá ulička u Daliborky
2 Jiřská
3 Vikářská
4 náměstí U svatého Jiří
Letenská
Pod hradbami
Min. kult.
Min. obrany
K Brusce
hradby
Gogolova
Hradčany
U Prašného mostu
Belvedere
Stadt-verkehrs-museum
U Brusnice
Jelení
Mariánské hradby
Královská zahrada
Pražský hrad
Prager Burg
Katedrála sv. Víta
St. Veit-Kathedrale
Jízdárna Pražského hradu
Staré zámecké schody
Malostranská
Úřad předsednictva vlády
Národní galerie-Šternberský palác
Nový Svět
k. P. Marie Andělská
U Zlaté Studně
Valdštejnská
Valdštejnské nám.
Valdštejnský palác
Kosárkovo nábř.
Mánesův most
k. sv. Jan Nepomucký
k. P. Marie u sv. Kajetána
Sněmovní
Tomášská
Vojanovy sady
k. Loreta
Loreta-Kirche
Loretánská
k. sv. Benedikt
Ke Hradu
Nerudova
Chrám sv. Mikuláš
k. sv. Tomáš
k. sv. Josef
Malostranská radnice
Cihelná
Staroměstská
Úvoz
Jánská
Ledeburský palác
Mostecká
Karlův most
Karlsbrücke
Křižovnická
nemocnice
Vlašská
Lobkovický palác
Tržiště
Vrtba zahrada
k. P. Marie Vítězná
Saská
k. P. Marie pod řetězem
Karlova
sv. Roch
Strahovský klášter
Schönbornská zahrada
Maltézské nám.
Novotného lávka
Strahovská zahrada
Lobkovická zahrada
Malá
Strana
Kampa
Helli
Nebovidská
Všehrdova ul.
Tyršovo muzeum
Seminářská zahrada
rozhledna Petřín
Aussichtsturm
Hladová zeď
Hungermauer
kap. sv. Vavřince
Růžový sad
Petřín
Střelecký ostrov
Smetanovo nábřeží
Betlémská
Konviktská
Divadelní
Olympijská
Říční
k. sv. Jan Na Prádle
Vítězná
Most Legií
Národní divadlo
Národní
Újezd
105
109

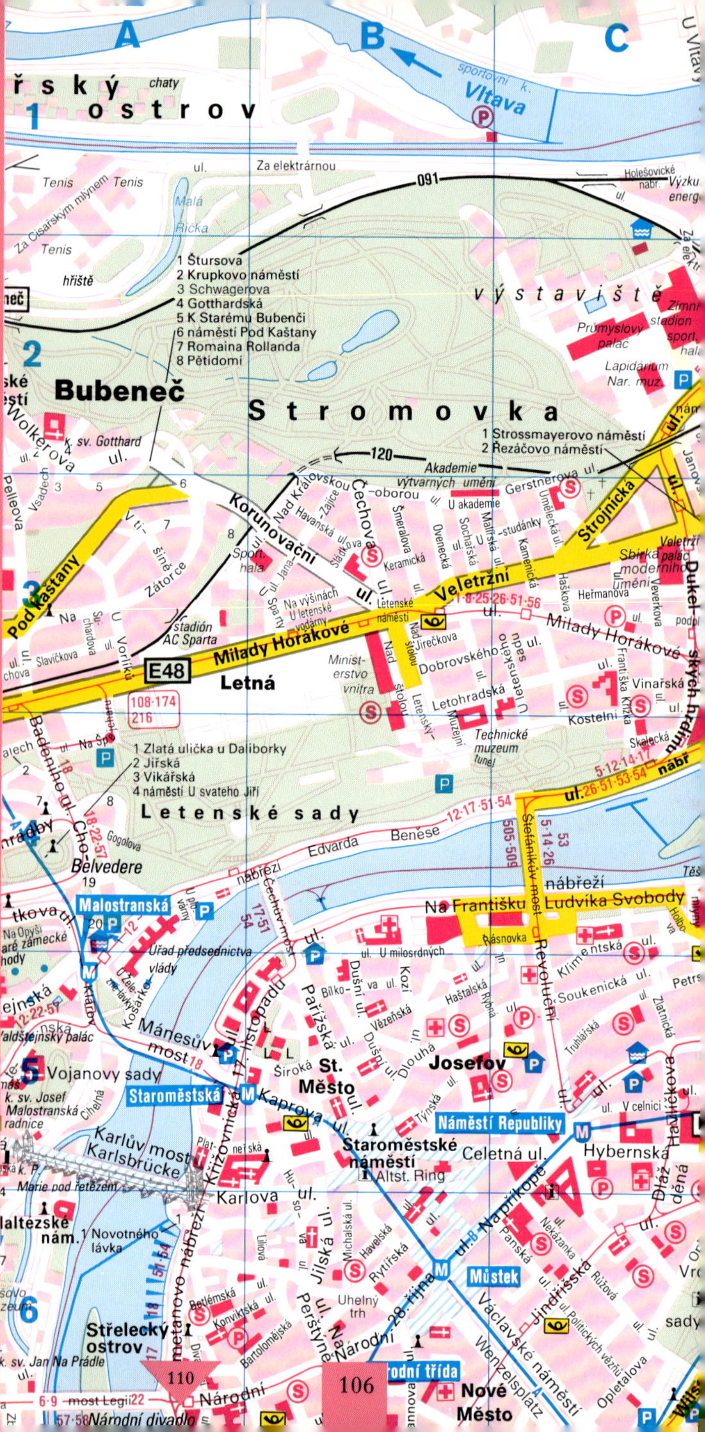

A
B
C
Císařský ostrov
chaty
Vltava
sportovní k.
1
2
3
4
5
6
Za elektrárnou
Holešovické nábř.
Výzkum energ.
091
Tenis
Za Císařským mlýnem
Malá Říčka
hřiště
1 Štursova
2 Krupkovo náměstí
3 Schwagerova
4 Gotthardská
5 K Starému Bubenči
6 náměstí Pod Kaštany
7 Romaina Rollanda
8 Pětidomí
výstaviště
Průmyslový palác
Zimní stadion sport. hala
Lapidárium Nar. muz.
Bubeneč
Stromovka
k. sv. Gotthard
Wolkerova ul.
1 Strossmayerovo náměstí
2 Řezáčovo náměstí
120
Akademie výtvarných umění
Gerstnerova ul.
Strojnická
Pelleova
Vsadech
Korunovační
Nad Královskou oborou
Čechova
Havanská
Šmeralova
Ovenecká
U akademie
Sochařská
Malířská ul.
U studánky
Umělecká ul.
Kamenická
Sport. hala
Keramická
Veletržní
Veletržní palác
Sbírka moderního umění
Pod Kaštany
Zátorce
stadión AC Sparta
Na výšinách
U letenské vodárny
Letenské náměstí
Heřmanova
Dukelských hrdinů
Milady Horákové
Dobrovského
Letohradská
Vinařská ul.
Kostelní
E48
Letná
Ministerstvo vnitra
Nad štolou
Jirečkova
Technické muzeum
Skalecká
Badeniho ul.
Na Špejcharu
1 Zlatá ulička u Daliborky
2 Jiřská
3 Vikářská
4 náměstí U svatého Jiří
Letenské sady
Chotkova
Gogolova
Belvedere
Edvarda Beneše nábřeží
Štefánikův most
Čechův most
Na Františku
nábřeží Ludvíka Svobody
Malostranská
U Milosrdných
Klimentská
Revoluční
Úřad předsednictva vlády
Kosárkovo
Mánesův most
17. listopadu
Pařížská
Dušní ul.
Bílkova ul.
Kozí
Haštalská
Soukenická ul.
Valdštejnský palác
Vojanovy sady
Široká
Josefov
St. Město
Staroměstská
Kaprova ul.
Týnská
Náměstí Republiky
V celnici
Hybernská
k. sv. Josef
Malostranská radnice
Karlův most
Karlsbrücke
Staroměstské náměstí
Altst. Ring
Celetná ul.
Na Příkopě
Marie pod řetězem
Karlova ul.
Maltézské nám.
Novotného lávka
Smetanovo nábřeží
Křižovnická
Jilská ul.
Michalská ul.
Havelská
Rytířská
Můstek
Panská
Jindřišská
Střelecký ostrov
Betlémská
Konviktská ul.
Bartolomějská
Uhelný trh
Národní
28. října
Václavské náměstí
Wenzelsplatz
Politických vězňů
Opletalova
k. sv. Jan Na Prádle
most Legií
Národní divadlo
Národní třída
Nové Město

110

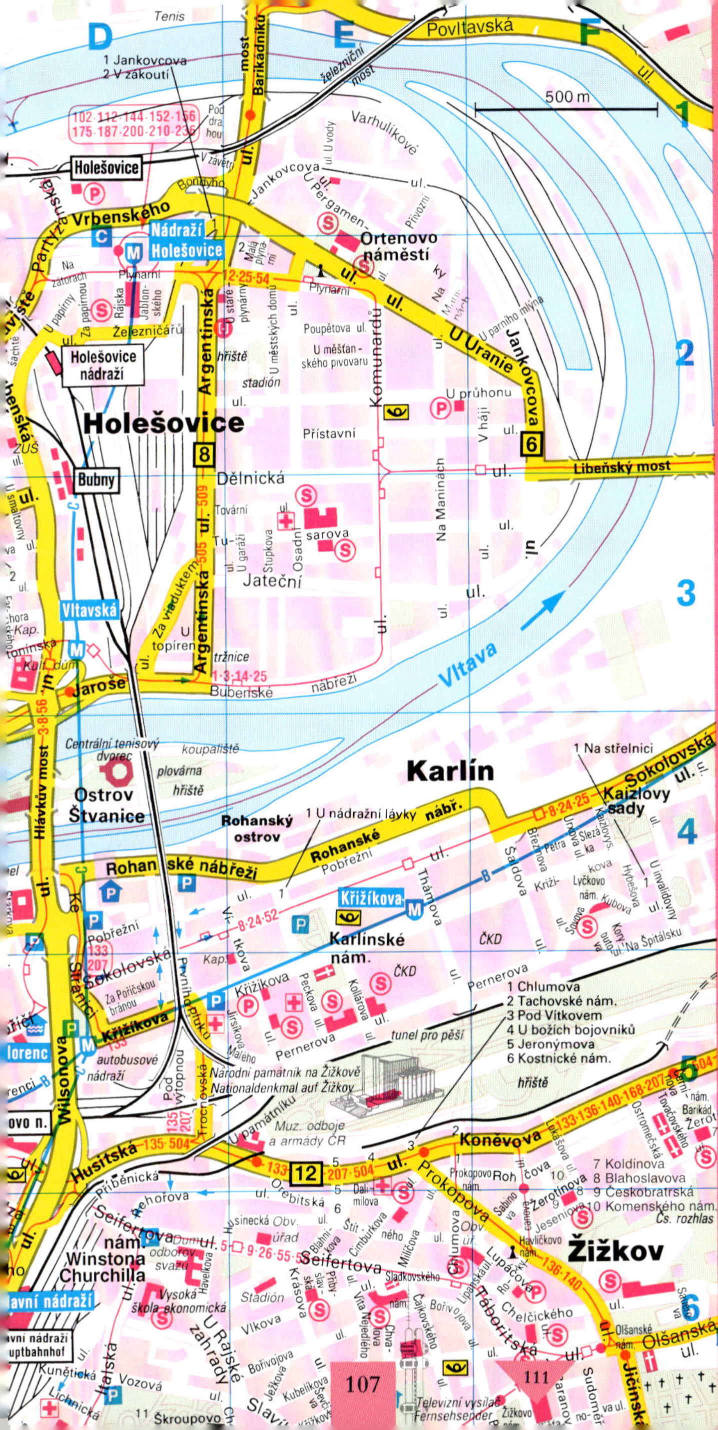

D
E
F
1
2
3
4
5
6
Tenis
Povltavská
ul.
500 m
1 Jankovcova
2 V zákoutí
102·112·144·152·156
175·187·200·210·236
most Barikádníků
železniční most
Varhulíkové
Holešovice
V závětří
Bondyho
Jankovcova
ul.
U Pergamen-
Přívozní
Vrbenského
Partyzánská
Nádraží Holešovice
Malá plyná-rní
Ortenovo náměstí
Na zátorách
Plynární
12·25·54
U Uranie
Jankovcova
U parního mlýna
Na Maninách
Železničářů
Holešovice nádraží
Argentinská
U staré plynárny
U městských domů
Poupětova ul.
U měšťan-ského pivovaru
Komunardů
U průhonu
hřiště
stadión
Holešovice
Přístavní
V háji
Libeňský most
Bubny
Dělnická
Tovární
Tusarova
Jateční
Stupkova
Osadní
U garáží
Vltavská
Za viaduktem
U topíren
tržnice
1·3·14·25
Bubenské nábřeží
Vltava
Jaroše
Kult. dům
Centrální tenisový dvorec
koupaliště
plovárna
hřiště
Ostrov Štvanice
Hlávkův most
3·8·56
Karlín
1 Na střelnici
Sokolovská
Kaizlovy sady
Rohanský ostrov
1 U nádražní lávky
Rohanské nábř.
8·24·25
Rohanské nábřeží
Pobřežní
Thámova
Šaldova
Březinova
Petra
Urxova
Slezská
Křižíkova
Lyčkovo nám.
Kubova
Hybešova
U invalidovny
Na Špitálsku
Vítkova
8·24·52
Karlínské nám.
ČKD
Pernerova
Sokolovská
Za Poříčskou branou
Prvního pluku
Křižíkova
Peckova
Kollárova
Jirsíkova
Malého
Pernerova
tunel pro pěší
1 Chlumova
2 Tachovské nám.
3 Pod Vítkovem
4 U božích bojovníků
5 Jeronýmova
6 Kostnické nám.
Florenc
autobusové nádraží
Wilsonova
Pod výtopnou
Trocnovská
Národní památník na Žižkově
Nationaldenkmal auf Žižkov
hřiště
U památníku
Muz. odboje a armády ČR
Husitská
135·504
133·207·504
Koněvova
133·136·140·168·207
Prokopova
Prokopovo nám.
Roháčova
Žerotínova
Jeseniova
7 Koldínova
8 Blahoslavova
9 Českobratrská
10 Komenského nám.
Čs. rozhlas
Příběnická
Řehořova
Orebitská
Seifertova
nám. Winstona Churchilla
Husinecká
5·9·26·55
Seifertova
Cimburkova
Štítného
Miličova
Chlumova
Lipanská
Lupáčova
Žižkov
Havlíčkovo nám.
Táboritská
Chelčického
Olšanské nám.
Olšanská
ul.
Vysoká škola ekonomická
Stadión
Krásova
Vlkova
U Rajské zahrady
Bořivojova
Čajkovského
Víta Nejedlého
Sladkovského
Kubelíkova
Jičínská
Hlavní nádraží
Hauptbahnhof
Kunětická
Vozová
Italská
Lichnická
Škroupovo
107
111
Televizní vysílač
Fernsehsender
Sudoměřská
136·140

104

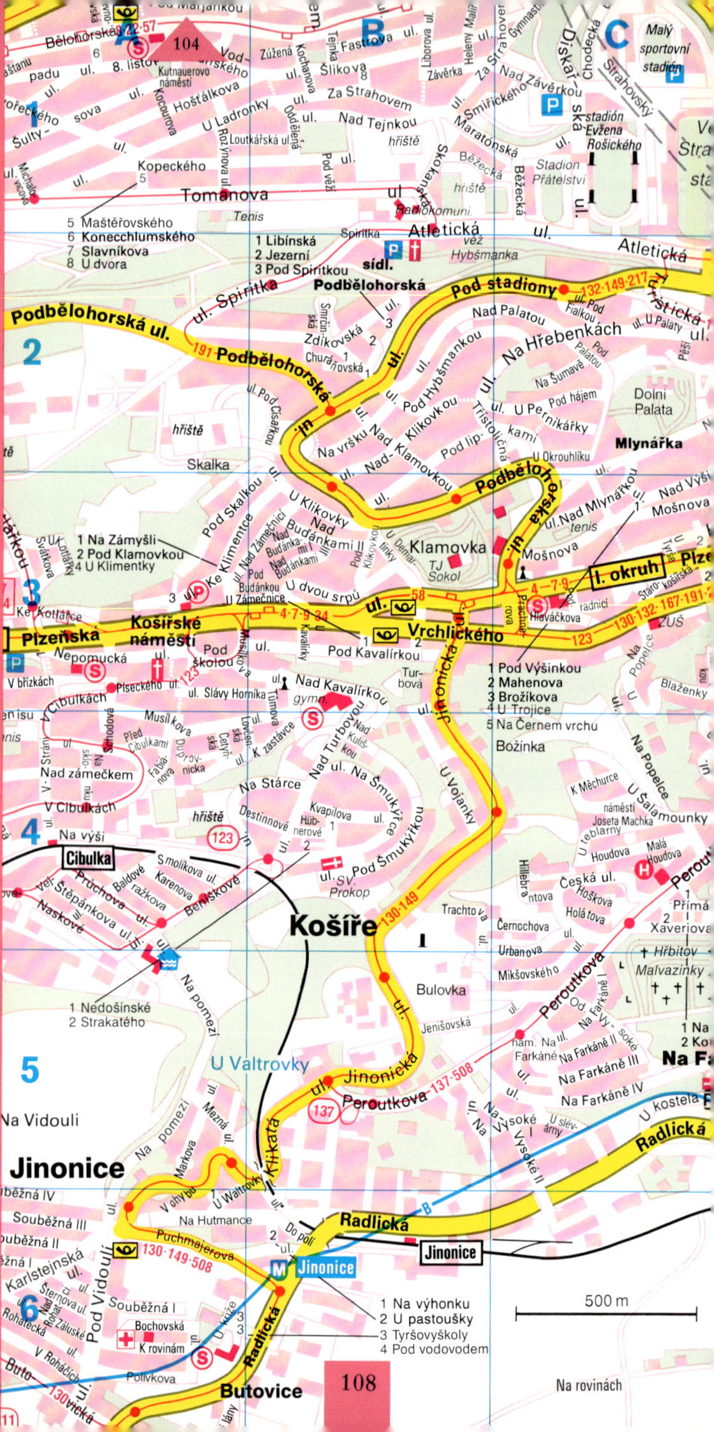
A
B
C
1
2
3
4
5
6
Bělohorská
8. listopadu
Kutnauerovo náměstí
Hošťálkova
Kocourova
U Ladronky
Rozýnova
Loutkářská ul.
Oddělená
Kochanova
Zúžená
Tejnka
Fastrova
Šlikova
Za Strahovem
Nad Tejnkou
hřiště
Pod věží
Liborova ul.
Závěrka
Heleny Malířové
Za Strahovem
Nad Závěrkou
Smiřického
Maratónská
Běžecká
Skokanská
Diskařská
Chodecká
Malý sportovní stadión
Strahovský
stadión Evžena Rošického
Stadion Přátelství
Kopeckého
Tomanova
Tenis
Radiokomuni.
Atletická
Spiritka
věž Hybšmanka
5 Maštěřovského
6 Konecchlumského
7 Slavníkova
8 U dvora
1 Libínská
2 Jezerní
3 Pod Spiritkou
sídl.
Podbělohorská ul.
Podbělohorská
Pod stadiony
132·149·217
Turistická
191
Smrčinská
Zdíkovská
Churáňovská
Nad Palatou
Na Hřebenkách
U Palaty
Na Šumavě
Pod Palatou
Pod hájem
Dolní Palata
Mlynářka
Pod Hybšmankou
Klikovkou
Pod lipkami
Třístoličná
U Perníkářky
U Okrouhlíku
Na vršku
Nad Klamovkou
Pod Císařkou
hřiště
Skalka
Pod Skalkou
U Klikovky
Nad Budánkami II
Nad Mlynářkou
Mošnova
Nad Výšinkou
tenis
Klamovka
TJ Sokol
1 Na Zámyšli
2 Pod Klamovkou
4 U Klimentky
Ke Klimentce
Nad Zámečnicí
Pod Budánkou
U dvou srpů
U Zámečnice
I. okruh
Plzeňská
Košířské náměstí
Ke Kotlářce
Vrchlického
4·7·9·34
58
123
130·132·167·191
radnicí
Hlaváčkova
ZUŠ
Nepomucká
V břízkách
Píseckého
Pod školou
Slávy Horníka
Pod Kavalírkou
Nad Kavalírkou
gymn.
Turbova
Jinonická
1 Pod Výšinkou
2 Mahenova
3 Brožíkova
4 U Trojice
5 Na Černém vrchu
Božinka
Blaženky
Na Popelce
V Cibulkách
Schodová
Před Cibulkami
Nad zámečkem
Na Stárce
Nad Turbovou
Na Šmukýřce
Kvapilova
Destinnové
U Vojanky
K Měchurce
náměstí Josefa Machka
U Šalamounky
Houdova
Malá Houdova
Na výši
Cibulka
Smolíkova
Karenova
Beníškové
Průchova
Štěpánkova
Naskové
Pod Šmukýřkou
SV. Prokop
Košíře
130·149
Trachtova
Černochova
Urbanova
Mikšovského
Hillebrantova
Česká ul.
Hoškova
Holátova
Peroutkova
1 Přímá
2 Xaveriova
Hřbitov Malvazinky
1 Nedošínské
2 Strakatého
Na pomezí
Bulovka
Jenišovská
U Valtrovky
Na Farkáně II
Na Farkáně III
Na Farkáně IV
U kostela
Radlická
Na Vidouli
Jinonice
137·508
137
Klikatá
Mezná
Markova
V ohybu
U Waltrovky
Na Vysoké
U slévárny
Souběžná IV
Souběžná III
Souběžná II
Na Hutmance
Puchmajerova
130·149·508
Do polí
Jinonice
Karlštejnská
Pod Vidoulí
Souběžná I
Bochovská
K rovinám
Polívkova
Butovice
Na rovinách
1 Na výhonku
2 U pastoušky
3 Tyršovy školy
4 Pod vodovodem
500 m

Malá
Seminářská zahrada
Strana
Petřín
hvězdárna Petřín
Volkssternwarte
Růžový sad
Hladová zeď
Hungermauer
k. sv. Vavřince
Kinského zahrada
k. sv. Michal
letohrádek Kinských
Střelecký ostrov
Národní divadlo
Dětský ostrov
Slovanský ostrov
Žofín
Mánes
most Legií
Jiráskův most
Ressl
Národní
Myslík
Masarykovo nábřeží
Smetanovo nábř.
Betlémská
Konviktská
Divadelní
Tyršovo muzeum
Všehrdova ul.
Říční
Vítězná
Újezd
Plaská
Zborovská
Janáčk. nábř.
Mělnická
Petřínská
Rošických
nám. Kinských
Justiční pal.
Vodní
V lesíčku
Arbesovo náměstí
Malátova
Pavla Švandy ze Semčic
Elišky Peškové
Kořenského
V botanice
Matoušova
Zborovská
Preslova
Pecháčkova
Lesnická
nám. 14. října
Holečkova
Kroftova
Zubatého
Drtinova
Viktora Huga
Výzkumný ústav spojů
Kartouzská
Švédská
U Nesypky
Nejsv. Trajice
Tichá
Třebenická
Vaníčkova
Olympijská
Chaloupeckého
Jezdecká
Šermířská
SV. Gabriel
Kmochova
Grafická
Duškova
Bertramka Muzeum
Mozartova
Sokol I. smíchov
Na Václavce
Mrázovka
zimní stadión
Radlická
Bazilika sv. Václava
Štefánikova
Lidická
Nádražní
Anděl
Vltavská
Ostrovského
Palackého most
Palackého náměstí
náměstí Pod Emauzy
Dřevná
Na Poříčním právu
Na Děkance
Rašínovo nábřeží
Podskalská
Trojická
Na Moráni
Hořejší nábřeží
Svornosti
Na Valentince
Pivovarská
Za Ženskými domovy
Smíchov
Sady Na skalce
Kováků
Na Zatlance
Santoška
Na Doubkové
Kaple
U Nikolajky
Na Březince
U Mrázovky
Nad Santoškou
státní sanatorium
U Malvazinky
Xaveriova
Na pláni
K vodojemu
Pod Barvířkou
Nad Laurovou
Štorkánova
Holubova
Na Laurové
Křížová
Ke Koulce
Pod Kesnerkou
Nad Koulkou
Na Neklance
Braunova
Františka Kocourka
Pajerova
U starého židovského hřbitova
Nad Brabencem
Pod Děvínem
K Závěrce
Kroupova
Kutvirtova
Kesnerka
Radlice
U Dívčích hradů
Děvínská
Tetínská
Šárčina
Na Konvářce
Nad Konvářkou
vodárna
ČKD
Smíchovské nádraží
Smíchov
Strakonická
Nádražní
Ke Sklárně
Pod tratí
Na Plzeňce
Kotevní
U Královské louky
Rozkošného
Moulíkova
U železničního mostu
hřiště
přístav
Vltava
Císařská louka
Vodácký stadión
Podolské nábř.
Soběslavova
Hostivítova
Ostrčilovo nám.
náměstí Bratří Synků
U Pernštejnských
náměstí Pařížské komuny
Nad sokolovnou
U podolského hřbitova
Na Kavčích horách
SK. Smíchov
SK. Praha 4
tenis
Pechlátova
Filip a Jakub

105
103

106
A
B
C
Můstek
Střelecký ostrov
Národní
Národní třída
Nové Město
Václavské náměstí
Wenzelsplatz
Jindřišská
Opletalova
Muzeum
most Legií
Národní divadlo
Dětský ostrov
Žofín
Slovanský ostrov
Mánes
Masarykovo nábřeží
Myslíkova
Spálená
Lazarská
Vodičkova
Jungmannova
Žitná
Karlovo
Ječná
Resslova
Jiráskův most
Karlovo náměstí
I. P. Pavlova
Legerova
Sokolská
Mezibranská
Jugoslávských
Rumunská
náměstí
Palackého most
Vltava
Botanická zahrada
Nové Město
Fügnerovo nám.
Univerzita
Albertov
Karlova
Folimanka
Svobodova
Vnislavova
Na slupi
Sekaninova
Jaromírova
Slavojova
Čiklova
Nuselský most
Horská
ČVUT
Podolské nábřeží
Hořejší nábřeží
Svornosti
Strakonická
Zborovská
103
Slavín
Vyšehrad
Vyšehrad
Kongresové centr. Praha
U železničního mostu
1 nám. 14. října
2 Preslova
3 Pecháčkova
4 Lesnická
5 Palackého náměstí
6 náměstí Pod Emauzy
7 Dřevná
8 Na pořičním právu
9 Na Děkance
1 Soběslavova
2 Hostivítova
3 Ostrčilovo náměstí
4 náměstí Bratří Synků
5 U Pernštejnských
6 náměstí Pařížské komuny
Smíchovské nádraží
Smíchov
Císařská louka
Vodácký stadión
Veslařský ostrov
1 Nad sokolovnou
2 U podolského hřbitova
3 Na Kavčích horách
Pankrácké nám.
Pankráci
Na dolinách
Lomnického
Podolská
Pod Děkankou
Děkanská vinice II
Nad cementárnou
Na hřebenech II

Winstona Churchilla
Vysoká škola ekonomická
Seifertova
Žižkov
107
Táboritská
Olšanská
Vinohrady
Riegrovy sady
Slavíkova
Televizní vysílač
Fernsehsender
Jičínská
kaple
Olš
Vlkova
Bořivojova
Kubelíkova
Ondříčkova
Jagellonská
Lucemburská
1 nám Jiřího z Poděbrad
Přemyslovská
Flora
Polská
Mánesova
Vinohradská
Jiřího z Poděbrad
1 k. nejsvětějšího srdce Ježíšova
Slezská
1 U tržnice
Muzeum
Korunní
Míru
Benešovská
Moravská
Francouzská
Lužická
Bezručovy sady
Dykova
Hradešínská
2 Heroldovy sady
Slovenská
Sport. hala
Ruská
Voroněžská ul.
Krymská
Heroldovy sady
Kodaňská
Madridská
Holandská
Slovinská
k. sv. Václav
Arménská
Svatopluka Čecha
Kavkazská
1 U staré sokolovny
1 Pod Nuselskými schody
Havlíčkovy sady
Botič
Zimní stadion
Sámova
stadion TJ Bohemians
Minská
Moskevská
Vršovická
Ukrajinská
Přípotoční
Nuselská
Bartoškova
Vršovice
U seřadiště
Táborská
Petrohradská
Oblouková
1 Kapitulská
2 Na kolejním statku
3 Na výsledku I.
4 Na výsledku II.
5 Zadařila
6 U družstva Repo
7 U Slovanské pojišťovny
8 Na lepším
9 Rovnoběžná
10 Kochozu
11 U Libušiných lázní
12 Nad Studánkou
13 U čtyř domů
14 Spolupráce
V Horkách
K podjezdu
Pod vilami
Nad Nuslemi
Na Jezerce
1 U gymnázia
2 Bohuslavaze
3 Svamberka
Nusle
Generální prokuratura
Soudní
Magistrů
Nad Vinným potokem
Pod Stárkou
Děkanská
Družstevní ochoz
Tyršův Vrch
U plynárny
Michelská
Michle
500 m
Pankrác
5. května
Ohradní
111

Cityplan

1:10 500

200 m

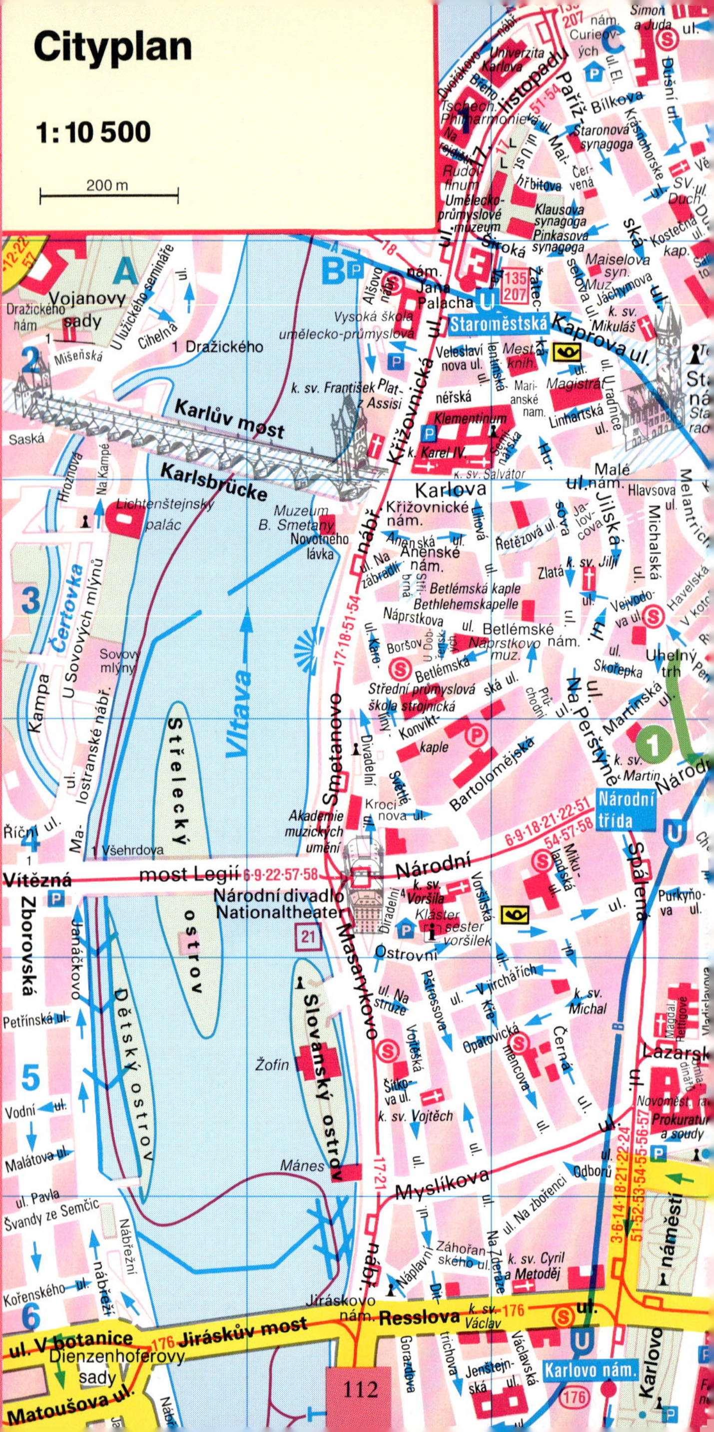

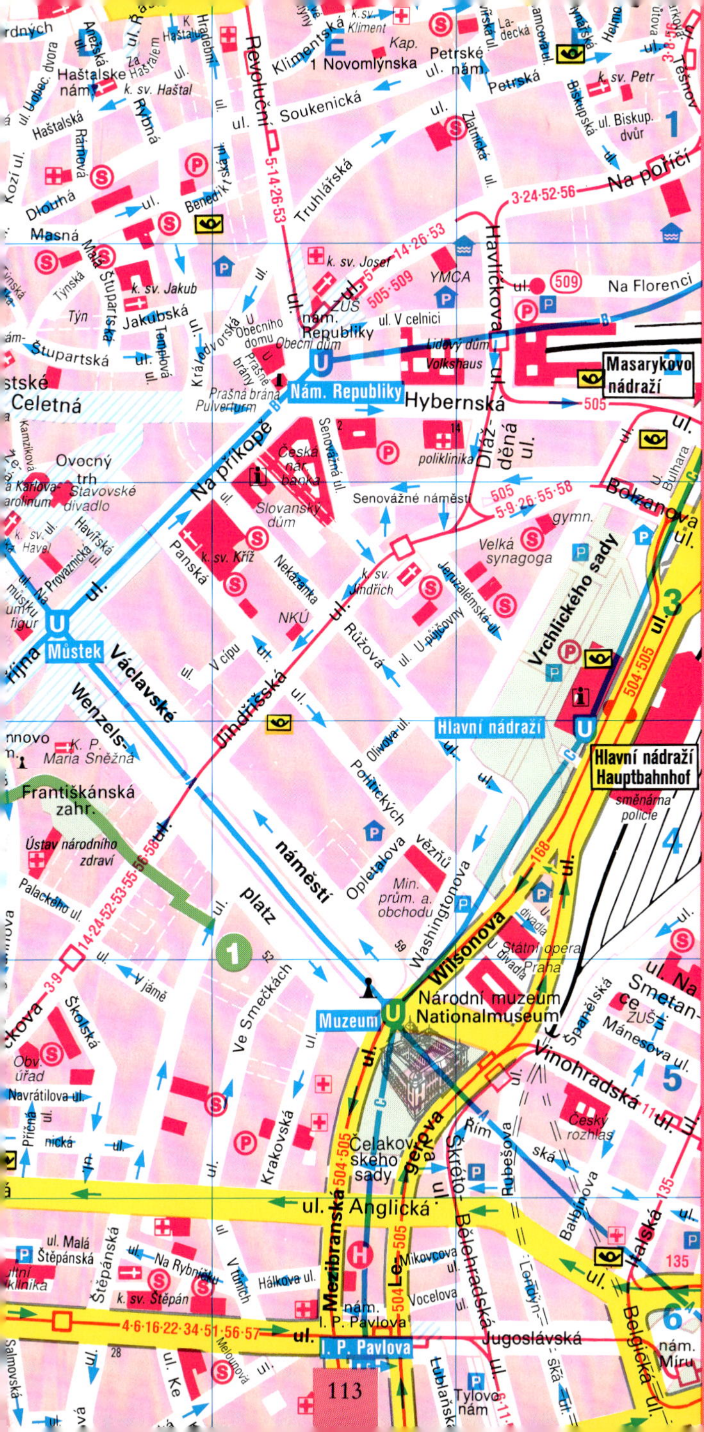

Revoluční
Klimentská
Novomlýnská
Petrské nám.
Petrská
k. sv. Petr
Biskupská
ul. Biskup. dvůr
Těšnov
Na poříčí
Soukenická
Truhlářská
Zlatnická
Haštalské nám.
k. sv. Haštal
Haštalská
Rybná
Rámová
Dlouhá
Benediktská
Masná
Malá Štupartská
k. sv. Jakub
Týnská
Týn
Jakubská
Templová
Štupartská
Králodvorská
Obecního domu
Obecní dům
Prašná brána
Pulverturm
nám. Republiky
Nám. Republiky
k. sv. Josef
YMCA
ul. V celnici
Lidový dům
Volkshaus
Havlíčkova
Na Florenci
Masarykovo nádraží
Hybernská
Celetná
Ovocný trh
Stavovské divadlo
Karolinum
Na příkopě
Česká nár. banka
Slovanský dům
Senovážná
Senovážné náměstí
poliklinika
Dlážděná
Bolzanova
Bulharа
gymn.
Velká synagoga
Vrchlického sady
k. sv. Kříž
Panská
Nekázanka
NKÚ
k. sv. Jindřich
Jeruzalémská
Růžová
U půjčovny
Havelská
k. sv. Havel
Provaznická
Můstek
Václavské
Wenzels-
V cípu
Jindřišská
Hlavní nádraží
Hlavní nádraží Hauptbahnhof
směnárna policie
K. P. Maria Sněžná
Františkánská zahr.
Ústav národního zdraví
Palackého ul.
náměstí
platz
Politických vězňů
Opletalova
Min. prům. a obchodu
Washingtonova
Wilsonova
Státní opera Praha
Národní muzeum Nationalmuseum
Muzeum
V jámě
Ve Smečkách
Školská
Obv. úřad
Navrátilova ul.
Krakovská
Čelakovského sady
Mezibranská
Legerova
Škréta-Bělehradská
Vinohradská
Český rozhlas
Španělská
Mánesova ul.
Smetance
Rubešova
Balbínova
Italská
Anglická
ul. Malá Štěpánská
Štěpánská
Na Rybníčku
k. sv. Štěpán
V tůních
Hálkova ul.
Mikovcova
Vocelova
nám. I. P. Pavlova
I. P. Pavlova
Jugoslávská
Londýnská
Bělehradská
Lublaňská
Tylovo nám.
Bělgická
nám. Míru
Salmovská
Ke Karlovu

LEGENDE CITYATLAS

Autobahn Motorway	Tourist-Information Tourist information centre
Schnellstraße/Bundesstraße Motor highway/Federal road	Krankenhaus/Schule Hospital/School
Hauptstraße Mainroad	Feuerwehr/Polizei Fire station/Police station
Übrige Straßen/Weg Other roads/Footpath	Campingplatz/Jugendherberge Camping site/Youth hostel
Straßen in Bau/Planung Roads under construction/projected	Post Post office
Fußgängerzone/Einbahnstraße Pedestrian zone/One-way street	Försterei Forester's lodge
Eisenbahn mit Bahnhof Railway with station	Einzelne Bäume Isolated trees
Güter- und Industriebahn Freight and industrial railway	Sendeanlage/Leuchtturm Transmitting station/Lighthouse
U-Bahn/Stadtbahn Underground/Light Rail	Denkmal/Mühle/Windmühle Monument/Mill/Windmill
Bus/Straßenbahn mit Endhaltestelle Bus/Tramway with terminus	Konsulat/Botschaft Consulate/Embassy
Fähre Ferry	Parkplatz/Parkhaus/Tiefgarage Car park/Parking house/Underground car park
Wald/Park Forest/Park	Hallenbad Indoor swimming pool
Friedhof, Weinberg Cemetery, Vineyard	

Marco Polo Spaziergänge

1. Der nostalgische Hauch der Prager Passagen
2. Schon ganz schön alt: Die Neustadt des Kaisers
3. Der Petřín-Hügel: Grüner Fluchtpunkt für Stadtmüde

Das Register enthält eine Auswahl der im Cityatlas dargestellten Straßen und Plätze

In diesem Register finden Sie alle Sehenswürdigkeiten und Museen, wichtige Sachbegriffe und Personen. Halbfette Seitenzahlen verweisen auf den Haupteintrag, kursive auf ein Foto.

Was bekomme ich für mein Geld?

100 tschechische Kronen (Kč) entsprechen etwa 5 Mark. Es gibt Münzen zu 10, 20 und 50 Heller (100 Heller sind 1 Krone) sowie Münzen zu 1, 2, 5, 10, 20 und 50 Kč. Banknoten sind in Scheinen zu 20, 50, 100, 200, 500, 1000, 2000, 5000 und 10 000 Kč erhältlich.

Prag ist für westliche Touristen immer noch günstig. Unterschätzen Sie aber nicht die Geschäftsleute im Zentrum: In Restaurants, Hotels und Läden zahlen Sie Großstadtpreise. Ein Essen am Altstädter Ring kostet in der Hauptsaison etwa 1500 Kč, ein Bier am Wenzelsplatz etwa 100 Kč – und beides schmeckt nicht immer besser als in der Gaststube um die Ecke. Preisvergleich lohnt sich auch bei anderen Dingen. Glas, Porzellan und Marionetten gibt es in gleicher Qualität zu wundersam unterschiedlichen Preisen.

Stabil und günstig sind auf jeden Fall die Preise für Kultur: Kino und Museum kosten etwa 80 Kč, für gutes Theater oder ein Konzert sollte man 500 Kč rechnen. Die meisten Tschechen wissen, dass Touristen das Geld locker sitzt. Aufs Prassen reagieren sie allerdings beleidigt. Behutsamkeit empfiehlt sich auch beim Trinkgeld: 5 bis 10 Prozent sind in Restaurants üblich, mehr als 50 Kč gilt jedoch als Protzerei.

DM	Kč	Kč	DM
1	19	10	0,53
2	38	25	1,33
3	57	50	2,65
4	76	75	4,98
5	95	100	5,30
10	190	150	7,95
20	380	200	10,60
30	570	250	13,25
40	760	500	26,50
50	950	750	39,75
60	1.140	1.000	53,--
70	1.330	1.250	66,25
80	1.520	1.500	79,50
90	1.710	2.000	106,--
100	1.900	2.500	132,50
200	3.800	5.000	265,--
300	5.700	7.500	397,50
500	9.500	10.000	530,--
750	14.250	15.000	795,--
1.000	19.000	20.000	1.060,--

Bei Zahlungen per Scheck oder Kreditkarte werden oben stehende Kurse zu Grunde gelegt. Stand: Dezember 1999